本书为2019年度河南省高等学校重点科研项目研究成果之一
项目编号：19A880051
项目名称：地方高校众创空间创业教育模式研究

应用型高校创业教育体系构建研究

On the Construction of Entrepreneurship Education
System in Application-oriented Universities

闫 芳◎著

图书在版编目（CIP）数据

应用型高校创业教育体系构建研究/闫芳著.—北京：经济管理出版社，2019.10
ISBN 978-7-5096-5383-8

Ⅰ.①应… Ⅱ.①闫… Ⅲ.①高等学校—创业—教育—体系—研究 Ⅳ.①G647.38

中国版本图书馆 CIP 数据核字（2019）第 232203 号

组稿编辑：魏晨红
责任编辑：魏晨红
责任印制：黄章平
责任校对：董杉珊

出版发行：经济管理出版社
（北京市海淀区北蜂窝 8 号中雅大厦 A 座 11 层　100038）

网　　址：	www.E-mp.com.cn
电　　话：	（010）51915602
印　　刷：	北京玺诚印务有限公司
经　　销：	新华书店
开　　本：	720mm×1000mm/16
印　　张：	11.5
字　　数：	200 千字
版　　次：	2019 年 11 月第 1 版　2019 年 11 月第 1 次印刷
书　　号：	ISBN 978-7-5096-5383-8
定　　价：	58.00 元

·版权所有　翻印必究·

凡购本社图书，如有印装错误，由本社读者服务部负责调换。
联系地址：北京阜外月坛北小街 2 号
电话：（010）68022974　邮编：100836

前　言

当前，世界经济格局处于大调整期，全球经济正进行艰难的再平衡过程，创业经济成为世界经济格局大调整的活力源泉。发展中国家顺应经济全球化深入发展和国际产业分工转移大潮流，步入经济上升阶段，并成为全球经济增长的重要动力源。这些发展中国家在经济社会发展过程中，打破了照搬西方发展的模式，立足于自身国情，探索各具特色的经济发展道路。中国作为新兴市场经济体的代表，在转变发展方式的同时，进一步深度融入世界经济体系，参与世界经济结构大调整，在全球经济结构中扮演更重要的角色。在经济结构大调整中，中国必须探索建立具备高端化、抗风险、可持续的创新体系，把创业者的经验和技术结合在一起，以创业主体与创业客体相互关系为主线，以机会的创造、把握和运用为核心，以提高创业者的素质为目的，大力推进创业经济发展。

未来世界经济社会结构将出现新的发展格局，大调整、大变革势不可当。在这个过程中，无论是世界社会结构调整，还是经济发展方式变革，都需要通过注入创业元素以激活其发展动力。在某种程度上说，社会经济结构大调整的结果取决于其社会成员的创业素质，谁拥有高素质的创业人力资源，谁就占据着创业时代的主动权。因此，推进创业教育、培养创业人才成为时代的必然诉求。中国应该立足国情，借鉴国外先进经验，构建科学、合理的高校创业教育体系，为创业教育实践提供有效的制度保障。

创新创业教育体系建设是深化高等教育教学改革、提高人才培养质量、促进大学生全面发展的重要途径，随着教育体制改革的不断深化，培养应用型创新人才是近年来应用型高校教育改革的重点。在全球化背景下，应用型高校应对自身创新创业教育进行深刻的反思，采取积极的应对措施。鉴于此，笔者编写了《应用型高校创业教育体系构建研究》一书，对应用型高校创新创业教育体系建设的现状进行了分析，就当下高校创新创业教育体系构建中出现的问题提出了有针对性的解决策略，希望能够对今后研究此类问题提供参考。

本书共分六个部分，重点对应用型高校创业教育体系构建进行了系统的研究。绪论部分简要阐释了创业教育与应用型高校内涵和特征，为全面认识应用型高校创业教育提供了必要的理论指导；第一章为国内外创业教育的发展趋势，在论述国外创业教育的发展历程与经验、我国创业教育现状的基础上，重点对应用型高校创业教育的发展趋势进行了分析；第二章为高校创业教育的理论基础，对主体教育理论、个性教育理论以及全面发展教育理论进行了深入研究；第三章为应用型高校创新创业人才培养目标，对创业意识、创业意志品质、创业能力、创业精神进行了重点研究；第四章为应用型高校创业教育体系构建的内容，对课程体系、师资体系、制度保障体系、外部支撑体系进行了深入思考；第五章为应用型高校创业教育体系构建策略，对应用型高校创业教育体系的改革与发展进行了科学研究。

本书在编写过程中，参考了许多关于教育学、管理学以及创新创业方面的书籍资料，在此表示诚挚的谢意。由于时间和水平有限，疏漏之处在所难免，恳请专家学者与广大读者不吝赐教。

目 录

绪 论 ……………………………………………………………… 1
 第一节 创业教育的内涵 ……………………………………… 1
 第二节 创业教育的特征 ……………………………………… 4
 第三节 高校创业教育的功能 ………………………………… 9
 第四节 应用型高校的特点 …………………………………… 11

第一章 国内外创业教育的发展趋势 ………………………… 16
 第一节 国外创业教育的发展历程与经验 …………………… 16
 第二节 我国创业教育现状 …………………………………… 29
 第三节 应用型高校创业教育的发展趋势 …………………… 32

第二章 高校创业教育的理论基础 …………………………… 35
 第一节 主体教育理论 ………………………………………… 35
 第二节 个性教育理论 ………………………………………… 38
 第三节 全面发展教育理论 …………………………………… 53

第三章 应用型高校创新创业人才培养目标 ………………… 58
 第一节 创业意识 ……………………………………………… 58
 第二节 创业意志品质 ………………………………………… 63
 第三节 创业能力 ……………………………………………… 68
 第四节 创业精神 ……………………………………………… 71

第四章 应用型高校创业教育体系构建的内容 ………………………… 76

 第一节 课程体系 ……………………………………………………… 76

 第二节 师资体系 ……………………………………………………… 97

 第三节 制度保障体系 ………………………………………………… 119

 第四节 外部支撑体系 ………………………………………………… 123

第五章 应用型高校创业教育体系构建策略 ……………………………… 142

 第一节 建立以实践创业为导向的创业教育课程体系 ……………… 142

 第二节 搭建"政企校"三位一体的创业教育支持系统 …………… 149

 第三节 构建思政教育、专业教育与创业教育融合的创业教育模式 …… 153

参考文献 …………………………………………………………………… 165

绪 论

第一节 创业教育的内涵

早在1919年，著名的教育学家陶行知先生就已经将"创造"引入教育领域。他在《第一流的教育家》一文中提出要培养具有"创造精神"和"开辟精神"的人才，这对于"国家富强和民族兴旺具有重要意义"。时至今日，随着知识经济社会的到来，培养创新人才、建设一流大学、提升高等教育对区域社会经济发展的知识基础作用已然成为各国政府的普遍共识。我国先后出台了科教兴国战略、"985"工程、"211"工程、《国家中长期教育改革和发展规划纲要（2010~2020)》等一系列旨在促进创新人才培养的发展战略，深刻地影响了高等教育的变革。

从国内学者关于创新能力培养的理解来看，创新能力的内涵基本划分为三种观点：第一，创新能力是个体的基本能力，即通过已知信息即知识和经验的使用，创造出某种独特、新颖且具备特定价值产品的能力。第二，创新能力的表现包括重组和发明两种形式。这两种形式相互关联，所谓重组即对已知信息的重新组合，而发明指新思想、新技术或新产品的推出。第三，创新能力应当以一定的知识结构为基础。总体来看，大学生的创新能力主要包括四个方面：①学习的能力，即对主要已有知识及知识源的接触、筛选、吸收、消化；②发现问题的能力，即对已有知识框架结构的漏洞或盲点的发掘以及对知识框架结构的完善，对已有知识框架结构合理性的质疑和重建；③提出解决问题方案的能力；④实践其方案的能力。

从创新人才培养的角度来看,创业教育毫无疑问是实现上述目的的最佳路径。正如前文中所述,创业教育的本质就是以更加实践性、个体性、多样性的方式实现创新人才培养这一目标。1988年,柯林·博尔提出创业教育应成为第三本"教育护照";1989年,联合国教科文组织在北京召开的"面向21世纪教育国际研讨会"上提出,创业教育要强调培养学生的事业心和开拓技能;2002年,教育部及与会专家在"创业教育"试点工作座谈会上一致认为,创业教育是素质教育的一个重要方面;而近两年的有关研究更是明确指出,高校创业教育的核心在于培养学生的创新思维、创新意识、创新能力。"部分学者和知名的企业家认为创业只能是一个自我探索的过程,无法通过教育的方式施加影响。但正如彼得·德鲁克所言:"创业不是魔法,也不是神秘。它与基因没有任何关系。创业是一种训练,而就像任何训练一样,人们可以通过学习掌握它。"部分学者更是直截了当地指出,每个学生都在某种程度上存在着可以培养成创业者的天赋。

首先,创业教育要培养大学生对创业的基本认知,这种认知本身就是一种知识结构,可以作为大学生知识体系的一部分。在一个创新驱动的社会中,创业知识的内容可以体现当今社会主流和日常的各种创新模式,以及社会态度、经济政策和法律制度对创造力、冒险精神和创业行为的支持等。因此,创业知识具有综合性的特点。其次,创业不仅是一种商业行为,作为思维、推理和行动的独特模式,创业更需要想象力、洞察力及创造性整合资源的能力。因此,从更广泛意义上来讲,创业教育是体现创新教育的最佳实践路径。对于大学生优化知识结构、适应未来不断创新的社会并实现自我发展具有重要作用。这也是创业教育的本质特征。

在分析了创业教育的内涵就是创新人才培养后,我们有必要讨论创业教育本身所具备的特征,以及其内涵"具现化"过程中必须考虑的三个要素,如图0-1所示。

第一,创业教育最基本的要素就是人,是一个个具有独特个性与想象力、创造力的学生。他们是创业教育的重要参与者、创业活动的实践者、创业成就的分享者。一般来讲,包括成就动机、自主性、寻找和把握机遇的能力、创新能力、商业风险的承受力、自我认知、情绪控制、目标激励等因素都在切实地影响着大学生参与创业教育的态度和导向。也只有建立起上述因素与创业成功之间的密切联系,才能够激发每个学生的创业热情,这也是创业教育能否成功的第一步。但

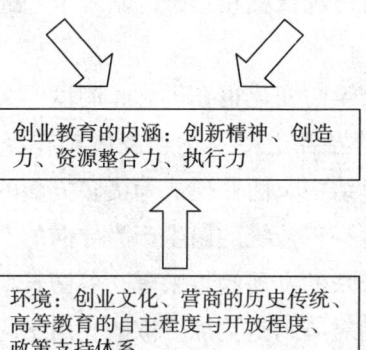

图 0－1 创业教育的内涵与要素

在实践过程中，我们可以发现每一名学生由于其知识结构、生活背景、教育需求的差异，对于创业具有不同的理解。这就使得创业教育应该针对不同学生。对于那些具有高绩效表现力、创业欲望强的学生，高校创业教育的侧重点应当更加偏重于大学生的创业实践支持体系建设；对于特别缺乏创业动力和热情的大学生，高校应当尊重其个人选择，通过校园创业文化来对其进行熏陶；体量最庞大的则是居于中间层面的大学生，这一群体的特征非常明显，他们对创业有所了解也具有一定的动力，但是他们缺乏某种促使其创业的最关键要素。对于高校创业教育来讲，中间层面的学生应当是整个体系设计和实施过程中关注的重点群体。对创业教育目标群体的准确分类，是创业教育面向全体学生但要分层分类实施的重要依据。

第二，传统的教育更多的是关注学习过程中的特定内容，课程基于教科书的设计，有着特定的范式与路径。这也是大学专业教育对学生进行专业训练的主要方式。虽然创业教育被认为是变革性的，但是它依旧来自传统的教学方式与习惯。创业涉及一系列知识、技能和态度的综合。它不仅仅是功能性技巧与知识的学习，更多的是包括了从创新到管理的所有领域的自我建构。从这个意义上来看，创业教育的目标远超过记忆、分析、推理等传统的教学。创业教育必须在复杂性的情境中感知问题、处理问题。因此，在学科知识已经形成了完备的体系，学习基于记忆为特征的传统的教育模式中，创业教育的教学方式需要发生根本转型。以美国为例,很多高校的商学院已经将创业教育的教学从以知识为中心转向了以学习为中心。对一个创业者来讲,更重要的是他掌握整合不同知识和技能为整体创业目标做出贡献的能力,而并非只是成为其中某个领域的专家。由此看来,创业教育的实施在与传统课程相结合的基础上,还应该提供使学生潜力得到发展的渐进过程。

第三,外部环境与政策的变化也在理念、制度、文化等多个层面影响着高校创业教育的发展。当前世界各主要发达经济体都在经历着前所未见的转型。生产、工作流程组织、产业结构、商业模式等诸多方面的变革正在迅速消解工业时代所形成的各种惯例与习俗。传统的以生产为导向的产业体系正在让位于以服务为导向的经济结构。从未来的发展趋势来看,各国长期就业岗位和公共部门的雇员数量都在逐步减少,相对应则是更加分散的、扁平化而非科层化的工作雇佣体系。互联网技术的广泛应用造成了生产过程中的灵活性和去中心化,工作本身更加强调信息和知识的可获得性、员工的持续学习能力。这些变革促使发达经济体逐步转向"全球的、创业的、知识为基础的经济"。创业教育的目标不再是使学生了解企业或是帮助解决就业,而是成为创业文化塑造的制度性工具之一。美国99.7%的小企业、超过一半的私营部门都是创业型企业。过去十年来,小企业提供了60%~80%的工作岗位。特别是自2004年以来,小企业几乎提供了所有的新增就业。雇员少于500人的小企业提供了186万个就业岗位,雇员超过500人的企业其损失的岗位比提供的岗位多了18万个。

一个国家或地区成功转型为新经济,不仅受到文化和现有经济结构的影响,也有来自政府在知识、管制、资源分配三大领域中的政策。当前世界各国都在普遍增加对创业活动的政策支持,通过立法激励公共—私人部门之间的研究伙伴关系。因此,高校创业教育的主要目标也必须发生转型:从帮助学生就业转型为激励创业活动或是增加大学生现有的创业行为的内在动力,培养和发展大学生的创业胜任能力。

第二节 创业教育的特征

教育特征是指人们对教育现象(活动)的理性认识、理想追求及其所形成的观念体系,是教育实践的内在动力,它因教育主体的个人知识结构、经历的不同而有所不同。从知识论的角度看,教育特征表现为两类知识形态:一类是"显性知识",那些刷在墙上、印在纸上、挂在网上或说在嘴上的"教育特征"就属于这一类;另一类是"隐性知识",那些深藏在学校成员心中并起实际作用的"教育特征"就属于这一类。

应当说,创业教育特征是高校追求的创业教育理想,是建立在对创业教育规律和时代特征深刻认识基础之上的理想模式。它不仅要关注毕业生当前的就业创业问题,而且要教给学生适应未来变化的知识和技能。它强调培养学生的创业意识、创业品格和创业能力,目的是使学生具有更强的社会适应性和独立发展的才能。

一、创业教育是一种更高层次的素质教育

从概念上讲,创业教育不同于素质教育。素质教育着重于提高人的内在素养和品质、强调知识内化和身心的健康发展。它的主要目的是提高学生的综合素质,从而提高全民整体素质。而创业教育的目的是充分挖掘学生潜能,以开发学生创业基本素质,培养学生的创业能力。也就是说创业教育不仅是一种教育观念,更是一种能力的培养,既要提高基本职业能力,包括专业知识、职业技能、口头和文字表达能力、人际交往和沟通能力等,这是从事一切职业所必须具备的基本能力;更要提高关键能力,主要指自我发展能力、创新能力等。

从本质上讲,素质教育内涵是个人素质的培养和提高。创业教育也强调了个人素质的培养,尤其是个人的创业素质,从而培养个人的创业能力。这种对创业技能的培养、创新思维和创新能力的培养,提高了学生识别和把握机会的能力,使他们创造性地整合资源,提高领导能力。这无疑是一种新型的素质教育。

从目的上讲,素质教育在强调提高个人素质的同时,也要实现全民整体素质的提高。而创业教育的目的是培养具有创业能力的人才,这不仅会实现创业者的自我就业,而且会促进全社会的就业。也就是说,这两种教育的目的,在关注个人价值的同时,都强调了提升全社会效益。

从课程设计上讲,素质教育的提出是对传统的应试教育的挑战。为此,我国的教育改革步入一个新的时代,各种新的课程设计和课程体系搬上了讲台。创业教育更是摆脱了传统的课程体系,它的课程体系是以职业素质的养成为基础,以综合能力的培养为本位,重点培养学生的创业、创新精神和实践能力。

二、创业教育是一种主体性教育

主体性教育本质上是一种培养人的社会活动，而人的培养过程需要高水平的教师、良好的教学环境和学生个体的积极参与。因此，创业教育要尊重学生的人格和主体地位原则，最大限度地激发学生的积极性、能动性、主动性和创造性。因此，正确处理教师与学生的关系，确立以学生为本的主体观是创业教育的重要特征。

想要处理好教师与学生的关系，就必须处理好教与学的关系。创业教育中的教学主要有以下特征：第一，教师为学生服务，教为学服务。从教育的目的来讲，教师是为学生服务的，教师的所有教学活动，都应该立足于为学生的发展服务。教师应该为学生的科学、自主、高效的学习活动服务，这就突出了学生的主体地位。我们在强调"教师为学生服务，教为学服务"的同时，也应该注意到，其实教师和学生是一个发展的共同体。教师在教学的过程中，在与学生的沟通过程中，自己也会获得成长。第二，因学定教。其基本内涵是：其一，教师在确定教学内容时，要注意基础性和社会性。基础性就是要做到"抛砖引玉"，给学生打好基础，为学生日后自己的学习发展做准备。社会性就是教师要关注社会的最新发展动态，依据社会化的要求，培养适合社会的人才。其二，教师在确定教育教学方法的时候，要从利于学生的"学"出发。这里的"学"主要指的是学生本身的学习能力、学习基础、学习兴趣等。其三，学生的学习结果是检验教师教学的最终依据。归根结底，教师教得如何是为学生学得如何服务的。教师只有充分调动学生的积极性、能动性、主动性和创造性，才能收到良好的教学效果。教师教的过程是为学生学的过程服务的，教师良好的教学艺术最终是体现在学生优良的学习效果上的。

创业教育的这些特征，决定了学生的主体地位的内涵。关于学生的主体地位问题，我们要从以下几个方面来理解：第一，尊重学生的主体人格。学生的主体人格是学生学习生活的基础，创业知识、能力只是人格完整的一部分。创业教育必须把学生的发展从知识层面提高到生命发展层面，对人的生命发展给予足够的重视，从对人的生命关怀的整体性出发，尊重并促进人的整体发展。因此，我们不仅要尊重学生认知的主体性，更要尊重学生人格的主体性。尊重人格的主体性是尊重学生认知主体性的前提，是开展良好创业教育的关键。第二，尊重学生的独立思维。创业教育提倡学生的能动性和积极性，对学生独立思维的尊重就要求我们教师要把更多的时间还给学生。学生实现自主学习、自主探索、自主交流，教师要尊重学生自主学习的结果，不再规定权威的标准答案，来统一学生的学习结果和思维模式。第三，尊重学生的个性发展。创业能力的培养依赖于创新能力和创造力的培养，而创新性和创造性的源泉和基础是个性化。所以，尊重学生的个性发展，是培养个性化的重要途径。为了实现这种个性化的培养，学校教育就必须摆脱传统的"统一化"模式教学方式，通过建立必修、选修相结合的个性化的课程结构，为学生提供个性化的教学选择。

三、创业教育是一种以能力为本的教育模式

传统的以知识灌输的教育模式，已经不能适应以知识经济为主的现代社会。如何处理知识与能力的关系，是创业教育必须解决的问题。我们要知道知识虽然是学生发展的基础，但不是教育的终极目标。现代社会的教育，需要从一次性学校教育向终身教育转变。教育不仅要提供知识，更重要的是对学生能力的培养，实现学生的自我学习。

以知识为主的教育培养模式，越来越不能适应当前社会的需要。其中的原因主要有以下几个方面：第一，现代科学技术发展的一个显著特点是，在高度分化基础上的高度综合。仅仅依靠一门学科获得成功的可能性越来越小，这与传统的"学科中心"有显著不同。所以，在这种背景下出现了科学综合化、技术集成化等新的概念。第二，在新时代，知识出现爆炸式的增长。原有的知识浩如烟海，学不胜学；新的知识层出不穷，应接不暇。一个学生想要学会所有相关领域的内容显然是不现实的。特别是计算机的出现，使人类社会的学习方式发生了重大的变化，博闻强记、死记硬背，已经不是人类大脑的主要任务了。从此，人类可以从繁重的记忆性劳动中解放出来，把精力集中在整理人类的知识，全面考察、融会贯通，从而进行更多的创造性脑力劳动中。第三，以能力为本是世界许多国家教育改革的共同趋势。20世纪90年代以来，从知识中心走向能力为本，已成为西方发达国家教育改革的核心追求。美国、加拿大、日本、德国等发达国家都已经把教育改革的着眼点放在对学生能力的培养上。

我们倡导的以能力为本，并不是不重视知识，而是要正确处理好这两者的关系。首先，知识既是教育的目的，更是教育的手段。我们要明确创业教育的最终目的不是让学生掌握无穷无尽的知识，而是以知识为基础，开展思维和创造活动，提高学生的能动性和创业能力。其次，知识结构的构建对于每个学生都是不

同的,知识的掌握必须以学生自己积极地生命体验为基础。每个学生都是独一无二的,每一个创新都是个性化的。只有扎实的基础知识,才可能让个人的能力得到充分的发挥。没有知识积累的能力发挥就像是短暂的火山爆发,不具有持久性,这对于创业显然是不利的。所以知识和能力两者缺一不可,我们既要重视知识的积累,又要注重能力的培养。

四、创业教育是一种超越式的教育

从价值取向上来看,创业教育是以追求未来理想与成功为价值的明天教育价值观,其目的是培养出真正的超越前人的一代"新人"教育,使学生学会以批判的眼光看待前人创造的文明成果,同时要以与时俱进的创造能力积极主动地发展和丰富人类社会的文明成果,更重要的是要以巨大的创造潜能去超越历史和现实,而不是重复过去。

超越式教育是从教师的角度提出的一种新的教学方式,主要理念是鼓励学生超越,让他们学会超越。只有实现超越,学生才能真正成为学习的主体,才能培养出创造精神。这种教育主要有以下特点:

1. 超越课堂

超越课堂指的是学生的学习不仅局限在课堂上,他们在课堂上受到启发后对某一方面的内容产生了兴趣,课后继续有目地进行学习。这种学习体现了一种学生的主动性和自觉性,与传统的课后作业有显著不同,它是一种创造性的学习。学生明白自己想要的是什么,课后要做什么,以便在学习过程中有良好的表现。

2. 超越课本

超越课本是指学生在学好指定教材的基础上,主动收集、阅读课本以外的材料,扩展知识结构,增强该学习的理解力。对于超越课本,教师要注意所选择的材料,它既不是围绕课本的课下练习,也不是超越学生的理解能力、知识范围的书本,它应该是课本以外适合学生的课下阅读、补充学生的知识结构、开发学生学习潜力的材料。

3. 超越教师

学生的学习应该是主动积极的过程,而不是围绕着教师学习。仅仅学习教师课堂上所教的内容,跟在老师后面学,这样显然是不能超越教师的。在这里老师的主要任务是一种引导和启发的作用,老师要学会如何激发学生的学习兴趣,使之乐学、会学。

4. 超越考试

考试是为了检验学生的学习成果所设立的。超越考试指的是学习的主要目的不是应付考试，而是自觉自愿地学习，自然就会在考试中取得好成绩。学习的过程是学生自我发展、自我完善的过程，是为了自身素质的提高，为了个性全面发展的手段。学习不是为了考试，专门应付考试的学习不是真正意义上的学习。但是并不是说就可以取消考试，我们认为，学习过程中伴随着考试、考核是很正常的。但是考试的方式应该多样化，例如有些动手实践的课程就可以采用课下学生动手做课题的方式，有些开放式的课程就可以采用写一些学习感想，等等。

从创业教育的这些特征中我们可以看出，创业教育是一种素质教育、主体式教育、能力教育、超越教育的综合体，具有多层次、多方面的特点。只有正确地把握创业教育特征，才能实现创业教育的蓬勃发展。

第三节 高校创业教育的功能

在高等学校里开展创业教育具有重要的现实意义。它不仅能提高大学生的综合素质，解决当前大学生就业难的问题，更是适应市场经济发展、知识产业化和构建国家创新体系的需要，是高等教育功能的扩展。改变只传授学科知识、应付频繁考试的教育，对学生进行创业教育，符合马克思关于人的全面发展的理论，既是时代的呼唤，也是高等教育适应知识经济发展的需要。

一、创业教育能够有效突破高等教育在就业等方面的现实困境

高等教育的大众化为高校提出的就业难题，单纯靠过去所运用的就业指导方式是不能解决的。这就需要高校反思传统教育的模式中存在的种种问题，对高等教育进行相应的改革。

对中国高校来说，创业教育是一种较新型的教育理念、教育模式，是培养适应市场经济所需人才的一种教育方式。高校开展创业教育，可以鼓励和引导大学生自主创业，寻找就业机会和就业道路。大学生创业不仅能解决自己的就业问题，还可以带动没有创业能力的同学找到就业岗位，为社会提供更多的产品和服

务，缓解社会中的就业压力。

另外，从教育的应有职能和对社会应起的作用来看，发展就业教育是对传统高等教育劣势必要的弥补，是对今后高等教育的有益发展，将会使高等教育趋于完善。

二、创业教育是深化高等教育改革的时代诉求

创业教育在我国的提出和探索是在中国高等教育的信息化和全球化背景下走向深化的必然趋势和重要标志。

首先，现代市场经济的活力或内在驱动力来自大多数社会成员主体性和创造性的自觉和提高，因此，高等教育不再是少数人的特权，而是越来越多的人走向社会的必经之路，是一种大众教育。

其次，知识经济和信息化时代的来临，国际化、全球化趋势的强化，导致市场经济条件下社会的产业结构、社会分工、社会层次和社会地位、职业以及工作岗位不断变化，在这种情况下，一般意义上以自主择业和守业为特征的教育也有一定的局限性。面对这种时代要求，以知识为背景的、积极的、主动的创业教育必然成为高等教育发展的新趋势。

三、开展创业教育是学生全面发展的必然要求

学生全面发展的内涵在于学生对社会的适应，高等教育使学生适应社会的发展，是人实现社会化的一个过程。过去的高等教育是培养学生专业技能的教育，并一直延续到今天。它的缺点在于容易使人循规蹈矩，扼杀人的创造性。长此以往，个体的创造性缺乏逐渐导致社会集体的创造性缺乏，对社会的发展与进步会产生不利的影响。

因此，高等教育还必须具有开发人的创造潜能的功能。创业教育和高等教育紧密结合在一起，高等教育是基础，创业教育是实践、应用与发展，二者不能相互替代，必须相互支持与促进。创业教育的探索与尝试会为中国高等教育的发展提供方法与理论的指引，并有可能进一步挖掘出高等教育对国家经济发展的直接支持点，是高等教育改革的必然措施，是提升我国高校竞争力的需要，也是大学生个体发展的必然需要。

四、创业教育是深化高等教育改革的"突破口"

新时代，中国特色的创新创业教育是高等教育改革的新要求。"创新高校人

才培养机制,促进高校办出特色争创一流"是新时代高等教育改革发展最直接、最明确的要求,提高人才培养质量是创新创业教育改革的核心任务。中国特色创新创业教育的着力点应突出人才培养方法创新、跨界融合教育创新、"互联网+"途径创新、师资队伍结构重塑、保障体系完备有力等特点,方式上主要体现融合性、系统性和协同性特点。

五、创业教育是高校人才培养模式的新途径

创新是引领发展的第一动力,创新创业人才是高等教育的时代使命,创新创业教育是一种全新的教育形态,改变了以往高校人才培养模式和途径。创新创业教育作为高校人才培养的新途径,模式改革将是高校人才培养转型发展的"落脚点"。创新创业教育是按照特定的培养目标和人才规格,建设跨界融合的课程体系、创新教学方法和手段、完善管理制度和评估方式、实施创新人才教育的全过程,创新创业教育人才培养模式体现为面向所有、合力全程、资源开放的特色。

第四节 应用型高校的特点

近年来,参照联合国教科文组织和国外高等教育的分类标准,把我国的高等教育分为研究生教育(硕士、博士)、本科教育和高职高专教育三个层次。以此为依据,有学者将我国高等院校分为研究型、教学研究型、教学型(技术应用教学型、技能教学型)三种类型。不同层次和类型的高等院校都是国民高等教育体系中的有机组成部分,都肩负着育人的根本职能,都具有教学、科研、社会服务三项基本职能。然而,不同层次和类型的高等院校在办学定位上显然不能按照统一模式进行,各种类型、层次的高校各司其职,为社会各行各业培养各种不同的适用人才。即使是同一类型的高等院校也不可能整齐划一,都必须选择适合自身发展的办学模式。不同层次和类型的高等院校都要适应市场经济和社会发展的需要,在实现整个国民高等教育体系协调发展的前提下,在不同层次和类型上办出特色、办出水平,追求卓越、追求"一流","应用型高校"正是对优势凸显、个性鲜明、具有特色的技术应用教学型高等院校的一种类型的描述。

一、应用型高校的定位特点

在我国教育部公布的"普通高等学校本科教学工作水平评估指标体系"中,将高等学校的定位内涵分解为五个方面:目标定位、类型定位、层次定位、学科专业定位、服务定位。应用型高校要进行科学合理的定位,突出自己的办学特点,形成有别于其他类型院校的特色,就应在上述五个方面突出应用性。

1. 目标定位

研究型大学的目标定位是培养学术型、研究型的精英人才和高素质技术创新型人才;教学研究型大学的目标定位是培养高级技术应用型和技术创新型人才;应用型高校的目标定位应该是以培养面向生产、管理、服务第一线的技术应用型人才为其主要培养目标。

2. 类型定位

研究型、教学研究型大学强调学科的齐全性和综合性,强调研究生的数量和科研投入的力度与规模,强调科学研究的原创性;应用型高校不应以学术研究能力和学术性本科人才的培养作为学校类型的主要衡量指标,应用型高校的学科结构更多地体现为适应当地经济和社会发展的需要,适应学生应用性能力的培养。

3. 层次定位

研究型大学以研究生教育为主。教学研究型大学研究生教育占较大比重。应用型高校应以本科教育为主,往上一个层次攀高,可进行一定数量的研究生教育;往下一个层次下移,可进行适量的高职教育。

4. 学科专业定位

在学科专业定位上,研究型、教学研究型大学特别重视学科建设,将其作为学校发展的基础和核心;应用型高校虽然也重视学科建设,但重心是放在学科建设对专业建设的支撑上。

5. 服务定位

研究型、教学研究型大学主要以国家经济建设和社会发展为主要服务对象;应用型高校多为地方高等院校,这类高校必须坚持本土化战略,必须以地方经济建设和社会发展为主要服务对象,全力培养地方经济建设和社会发展所急需的各种技术应用型人才。

二、应用型高校的人才培养特点

我国进入大众化高等教育之后,随着办学规模的不断扩大,就其培养目标类别的人才数量而言，技术应用型人才所占比重必将增大。从数量上讲，技术应用型人才是人才培养的主体。大众化阶段的高等教育，必然要培养大量的技术应用型人才。因此，许多地方高校为克服人才的知识结构单一、知识面狭窄、适应性较差等弊端，确立了人才培养模式的目标：以培养"应用型、复合型人才"为出发点，在知识、能力、素质结构上体现"基础扎实，知识面宽，应用能力强，综合素质高，具有较强的创新精神"的要求。

人才培养模式的应用性是应用型高校的基础和核心。为此，应用型高校首先要树立培养应用型人才的人才培养理念，提高学生应用性能力的教学理念与"学以致用"的学习理念。其次在培养应用型人才的过程模式上，由传统的三段式转变成"平台＋模块"（公共课平台、学科专业平台、专业方向模块）的两段式，为培养应用型人才搭建科学合理的课程结构。再次在课程体系和内容上，应突出应用性的特点，切忌照搬研究型、教学研究型大学的课程体系和内容，将课程设置系列化和课程内容模块化。在教材的选取上，也应与其他类型高等院校的教材有所区别。最后在学术性课程和应用性课程的比重上，应加大应用性课程的比重，应用型高校应特别重视实践教学在培养应用型人才上的重要功能，采取多层次系列训练方案，形成完整的、有效的实践教学体系，突出培养学生的实践能力和应用能力。总之，在人才培养模式的各个方面要切实体现应用性特色。

三、应用型高校的学科专业建设特点

应用型高校必须加强学科专业建设，但要正确处理好学科与专业建设之间的关系，应把重点放在学科建设对专业建设的支撑上，通过学科带动和促进专业的建设与发展，学科的建设与发展要服务于专业的建设与发展。

第一，优化专业设置。优化专业设置要依托三大优势：一是传统优势。应在长期办学形成的传统中形成自己的特色，即在原有专业基础上不断地脱胎换骨，形成自己的应用性特色，切忌盲目攀高，贪大求全。二是职业优势。深入分析本校是为什么职业群培养人才的，紧紧瞄准该职业领域今后发展对人才的需求，调整自己的专业或专业方向，以提高应用性。三是区域优势。深入分析本地经济与社会发展对人才的需求，调整自己的专业或专业方向，以加强应用性。

第二，增设应用性专业。紧密关注发达国家和地区的经济与社会发展对人才需求的趋势，同时高度重视当地经济与社会发展对人才的需求，及时增设新的应用性的专业，为当地经济与社会发展培养所需要的各种应用型人才。

第三，为使应用性具体体现在各类专业中，应用型高校在课程的设置上，要特别注意引进培养"经济师""会计师""工程师""心理咨询师""教师"等专业课程，不仅使学生取得大学毕业证书，而且还要同时考取国家职业资格等级证书。天津工程师范学院实施的"双证书""多证书"制，为应用型高校培养应用型的"双高"人才做出了示范作用。

第四，加强"双师型"师资队伍建设。建设应用型高校、设置应用性专业、培养应用型人才都离不开"双师型"的教师队伍。为此，必须通过引进、培养、自学、兼职等途径，建设一支高素质的"双师型"师资队伍，以满足培养应用型人才的需要。

四、应用型高校的发展特点

大力推进产学研合作教育和实践教学体系是构建应用型高校、培养应用型人才的必由之路和根本途径。国外发达国家的高等院校和我国的研究型、教学研究型院校所取得的成功经验，都为应用型院校提供了可借鉴的经验。相比较而言，应用型高校更应该突出产学研相结合的办学之路。可以肯定地说，没有产学研作为支撑，建设应用型高校，培养应用型人才就无法落在实处。

因此，必须建立产学研紧密结合的运行机制，并在人才培养计划中落实产学研合作教育的要求、任务和方式。第一，建立与完善校内实训中心和校外实训基地，并充分发挥其作用，使其成为学生理论联系实际，边学边练，获取实践经验，形成应用能力的基地。第二，紧密依托行业、企业，加强校企联合、合作办学，使其成为学生实践训练的基地，使学生边练边学，也要使其成为科研、技术开发、成果转化的基地。以教学带动科研，以科研促进教学水平的提高。第三，创新产学研的课程形式，开设面向产业、面向职业资格证书、面向情境的学习，从学校到工作的学习，以及项目学习、任务学习等产学研合作教育的课程。第四，改进教师的教学方法，加强理论联系实际的教学。例如，开展课堂模拟教学，进行职前实战训练；开展实践教学，教师在实践活动中教，学生在实践活动中学，教师边讲边做，学生边学边干，等等。总之，只有坚持走产学研相结合之路，建立行之有效的产学研良性运行机制，才能更好地发展应用性教育，培养应用型人才，建设应用型高校。

综上所述，应用型高校应科学定位，并做到到位而不越位。定位就是指在高等教育发展的格局中找准自己的位置，理清办学理念，确立办学宗旨，明确发展目标,把握发展方向;到位就是指在定位之后,确立应用型人才的培养模式,加强应用性的学科专业建设,发挥优势,形成特色。加强应用性的课程建设和"双师型"师资队伍建设,构建产学研合作教育和实践教学体系等;不越位就是指在高等教育的"转型"过程中,不盲目"攀高",不贪大求全,不降低标准。只有这样,应用型高校才能在"转型"中求生存求发展,跟上高等教育快速发展的步伐,在可持续发展中不断开拓进取。

第一章　国内外创业教育的发展趋势

第一节　国外创业教育的发展历程与经验

一、国外创业教育的发展

(一) 美国高校创业教育的发展

1. 美国高校创业教育概况

在过去的三四十年中，美国创业型经济快速发展。其中，起着中坚力量的中小企业通过创造工作岗位和提供具有创造性的产品和服务，越来越成为美国经济发展的引擎。有资料表明，自20世纪80年代以来，《财富》500强企业已经减少了500万个工作岗位，而中小企业却贡献了3400万个新工作岗位；同时，这些中小企业又是美国经济发展中最具活力和创造性的因素。20世纪的重大发明，如空调、飞机、人工合成胰岛素、光纤检测设备、心脏起搏器、个人计算器、光学扫描仪等都是中小企业发明的。创业型经济对提升美国社会整体的创新能力和发展活力，稳固美国在全球化中的地位做出了重要贡献。

创业革命深刻影响着高等教育的变革。它是社会发展的必然趋势，也是大学自身改革和发展的内在要求，从1947年哈佛商学院提供第一门创业学课程开始，美国高校的创业教育经历了四个发展阶段：萌芽阶段、起步阶段、发展阶段、成熟阶段，至今已经有60余年历史。

(1) 萌芽阶段。1947年哈佛大学商学院率先开设的"新创企业管理"课程，被后来众多的创业学者认为是美国大学的第一门创业学课程。通过多年的积累和实践，1967年后，斯坦福大学和纽约大学在原有课程基础上进一步完善与拓展教学内容和模式，把它应用到MBA创业课程中。1968年，美国巴布森商学院在本科生中开设了类似"创业管理"的课程，又由于受到美国当时经济条件的影响，一些创业课程还停留在初创阶段。

（2）起步阶段。到20世纪70年代，美国仅有16所大学开设了创业课程。随着美国经济增长开始减缓，创业教育才被逐渐重视起来。1970~1990年，美国的创业教育逐步得到了快速的发展，为美国的经济复苏奠定了良好的基础。创业教育在高校中开设的情况逐年增加，1979~1989年10年间，在本科生中开设创业教育课程的学校由127所增加到1060所。促使创业教育的课程得到快速发展的原因是美国的小企业在快速增长。

（3）发展阶段。到20世纪末，美国的创业教育得到良好发展，从课程设置到学位授予都走上了正规化的道路。除在本科设置创业教育课程外，还开始在研究生课程中开设创业教育课程。就本科生而言，美国有1000多所大学开设创业方面的课程，在课程开设的层次上都有了大幅度的提升。尤其是把创业课程由本科向研究生发展，这本身就是一个了不起的创举。另外，在专业设置和学位授予上，全美已有140多所大学把创业课程作为专业课程发展，大受学生的欢迎，有近50所大学有了创业学位授予权，这为美国的创业教育发展起到了推动作用。

（4）成熟阶段。进入21世纪以来，随着美国创业教育发展已成雏形，对社会的发展和经济的增长起到了促进作用，也得到了社会的关注和认可，便经常被《美国新闻》等杂志作为典型宣传，这些宣传给学校带来了社会效益，还直接给学校带来了经济效益，影响到各校的招生情况与经济收入，媒体排名也成为衡量各大院校工作成效和业绩的重要参考标准。

创业教育要想持续发展，对专业教师的要求也要不断提高。为此，美国创业机构正在构建和规划创业学博士项目，通过建立博士学位和教师终身培训项目来进一步提升和完善创业教育。他们还把教师培训项目作为创业教育者终身学习计划内容，为美国培养大批的创业学专业教师创造了优越的条件。

2. 美国高校创业教育的模式

美国高校创业教育的迅猛发展，得益于其不断探索与院校发展目标相一致的、行之有效的创业教育模式。从总体上看，美国高校开展创业教育主要遵循两条轨迹：一是以创业学学科建设为目标的发展路径；二是以提升学生创业素养和创业能力为本位的发展路径。前者主要采用聚焦模式，教学活动在商学院和管理学院进行，培养专业化的创业人才；后者主要采用辐射模式，教学活动在全校范围内展开，主要培养学生的创业精神和创业意识，为学生从事各种职业打下基础。磁石模式介于上述两者之间。下面将结合案例阐述这三种典型创业教育模式的运行和管理情况。

首先是"聚焦模式"创业教育模式，"聚焦模式"是传统的创业教育模式。在这种模式中，学生经过严格筛选，课程内容呈现出高度系统化和专业化的特征。哈佛大学商学院是采取"聚焦模式"创业教育的典型代表。作为在世界上最早开设创业教育课程的机构，哈佛大学商学院强调申请者的创业特质，并通过实施相关课程与活动提升学生的创业技能。目前，大约40%的哈佛大学毕业生追求一种创业型职业生涯，如创业者、风险资本家或者创业咨询者。在这种模式中，创业教育所需的师资、经费、课程等都由商学院和管理学院负责，学生严格限定在商学院和管理学院。

"聚焦模式"是专业化的创业教育。商学院和管理学院负责创业教育的日常管理、经费筹措、师资培养、课程设置、学生来源等所有环节。这种纯粹性决定了"聚焦模式"创业教育能够系统地进行创业方面的教学，其毕业生真正进行创业的可能性及比例非常高。该模式的创业教育也促使创业学作为一门独立的学科在商学院和管理学院获得发展。

其次是"磁石模式"创业教育模式，采用磁石模式的创业教育基于这样一种信念：即非商学院的学生也能从创业教育中获益，具有创造性的创业努力并不仅仅来自商学院学生。麻省理工学院主要采取这种模式，其创业中心的使命就是激发、训练以及指导来自麻省理工学院所有不同部门的新一代创业者。学院成立创业教育中心，通过整合所有资源和技术吸引来自全校范围内的、有着不同专业背景的学生。大部分创业教育课程，如创业计划、新创企业等适应各种专业背景的学生。在这种情况下，对创业感兴趣的学生既可以修习创业课程，也可以根据自身情况和兴趣辅修创业。整个项目的发展依托商学院和管理学院的资金、师资、校友等因素，创业教育中心负责整个项目的规划和运行。这种模式为商学院和管理学院之外的学生提供创业教育，但不涉及经费、师资等方面的变革。

磁石模式在保证其开放性的同时，也保证了运行的便利性。所有创业教育和活动由统一的创业教育中心负责协调和规划，师资和经费也由创业教育中心统一调配管理。这样的运行模式整合了有限的资源，有利于打造优质的创业教育项目，有利于吸引新教师的参与，也有利于校友募捐的顺利进行。同时，创业教育的开展增加了商学院和管理学院与其他学院的联系，提升了商学院和管理学院在全校的地位。但是磁石模式也面临极大的挑战：如何在其他专业获得创业教育课程的市场和价值？如何使教师获得更大程度的发展？如何针对不同专业的学生设置课程？这些都是必须回答的问题。

最后是"辐射模式"创业教育模式，该模式也是一种全校性的创业教育模式，它的发展基于这样一种理念：不仅要创设良好的氛围为非商学专业学生提供创业教育，还应该鼓励不同学院的教师积极参与创业教育过程。它的实施涉及了管理体制、师资、经费筹集等各方面的改革。在管理体制上，学校层面成立了创业教育委员会，负责协调和指导各校范围创业教育的开展；所有参与学院负责实质性的创业教育和活动，根据专业特征筹备资金、师资、课程等。这种模式与磁石模式的本质区别是突出了不同学院教师的参与。他们需要根据本专业的特征设置课程，从而保证学生能够结合专业背景进行创业。不同学院之间的学生可以互选创业课程，从而打破学科边界，实现资源共享。康奈尔大学是采取"辐射模式"创业教育的典型代表。

作为在赠地学院运动中迅速发展起来的公立大学，康奈尔大学特别强调公平原则。它主张"每一位掌握了创业技能和相关知识的学生，能够对任何工作环境产生重大价值"。这种信念促使康奈尔大学校友、教师、学院院长于1992年成立了"创业精神和个人创业项目"，支持全校学生创业精神的培养和个人创业技能的提升。9所参与该项目的学院院长组成管理委员会，统一协调和指导各校的创业教育活动。委员会主席每两年改选一次，在所有参与学院之间进行轮换。在实施过程中，创业课程与专业紧密结合，如设置"设计者的创业精神""小型企业与法律"等课程，学生还可以跨学院、跨专业选课。这种全校性的创业教育模式对教师层面提出了更高的要求。为了吸引和培养优秀师资，康奈尔大学设置了"克拉克教授职位"，每年奖励对创业教育做出重大贡献的教师。同时，康奈尔大学还通过"康奈尔创业家网络"，与校友保持密切的联系。

"辐射模式"创业教育的优势相当明显。对大学而言，在不同学院开展创业教育项目既可以广泛吸引校友，也可以赢得学生的信任。对教师而言，不同学院的教师以创业教育为平台开展广泛的交流与合作，有利于促进教师能力的提升；对学生而言，结合专业特征学习相关创业教育知识和技能，保证了学习的有效性。当然，"辐射模式"创业教育的运行和管理面临着协调、募捐、课程设计、师资等多方面的困难。协调是辐射模式所面临的最大挑战。如在康奈尔大学，9所参与学院提供了很多创业课程，虽然这些课程都与学生的专业背景相符合，但是在课程之间缺乏关联性。另外，由于辐射模式利益的分散本质，院校无法为一个集中的创业教育项目募捐。在课程设计上，如何巧妙地将创业知识和技能融入具体专业中也是对教师很大的考验。最后，由于创业教育师资由参与学院自行解决，如何动员更多优秀教师参与创业教育项目对院校来说是一个极大的难题。

3. 美国高校创业教育的特点

开放的高等教育体系是创业教育迅速发展的基础。美国拥有独特的高等教育系统。克拉克认为，美国高等教育系统规模庞大、高度分权、机构多样性显著、机构间竞争极端激烈。作为天生的创业主义者，美国高校在面对资源紧缺、竞争激烈的外部环境时，必然能够敏锐地感知市场变化，并及时寻求有利于自身改革和发展的途径。创业教育的实施既符合了大学本身发展的需求，也满足了政府、学生、工业界等不同主体的需要。另外，拓展的资助渠道、开放的入学政策、紧密的大学与工业的关系，以及产生分支学科的开放性也促成了创业教育项目在美国快速地、独立地发展。这种草根主义的发展路径使美国高校创业教育能与高校的文化优势和特点紧密结合起来，呈现出旺盛的生命力。

以特色为先导，力求多元发展。美国高校的创业教育得益于市场力量的驱动和高校自下而上的改革。市场化的驱动彰显了无处不在的竞争压力，争取最有潜质的学生、最优秀的师资和基金会的捐赠等成为一个创业项目顺利运行的关键；高校自下而上的改革而非行政化指令促使美国高校创业项目与自身优势、文化紧密结合，并使得创业教育的发展从一开始就具有社会基础、教师基础和学生基础。同时，在各种模式间和模式内部都体现出特色化的发展理念。首先，各高校创业教育模式的发展体现了模式创新与遵循传统的动态平衡。斯特里特教授在考夫曼基金会的资助下对美国高校创业教育项目进行研究后发现，排名最靠前的38个项目采用不同的创业教育模式，其次选择同一种创业教育模式的高校也在不同的校园文化和学科优势的引领下发展特色项目。美国高校创业教育正是在多样化创业教育模式的推动下，既保证了创业教育的广泛开展，又保持了创业教育项目的较高水准。

以校园创业文化建设为枢纽，推进高校整体改革。创业教育的成功开展需要有良好的创业氛围和文化。它不仅是对学生创新和创业精神的培养，而且还需使大学本身也成为创业型机构。美国高校在转变文化价值取向、鼓励大学教员创业以及保持与工商界的密切联系等方面进行了不懈的努力。首先，在文化价值取向上，倡导学生的创业精神与商业潜能和传统的专业技能、学术研究能力具有同等的价值，鼓励学生创业。其次，高校鼓励大学教师将自身的学术技能和研究成果转化为知识产权、市场化的商品，尤其在工程学、生命科学、计算机科学等学科内鼓励大学教员广泛参与创业活动，甚至创办新公司，将新产品和新程序商业化。最后，校友通过资助创业中心的建立、担任高校的兼职教师、参与创业计划大赛（担任评委或者导师）、提供教学案例和思路等途径有效支持创业教育的开展。

以创业教育为中心的主要形式，提倡跨学科发展。美国目前有100多个创业教育中心，它们的发展往往依托传统院系，从而保证了稳定的师资、经费和课程等供给。创业教育中心能有效地跨越传统的学术边界，成为高校与外界保持联系的重要纽带。这些中心在运行过程中贯彻跨学科发展思路，从而有效调动跨学科资源，并使得培养的学生能够更加灵活地适应不断变化的需求。如麻省理工学院创业中心附属于斯隆管理学院，通过招收具有技术背景的学生来实现商业和技术的结合。这种跨学科的方式使得麻省理工学院毕业生创办的公司中，约80%能够应对市场的风险并生存下来。斯坦福创业网络的建立保证了斯坦福大学22个创业相关项目的交流与合作；同时，它还与商学院合作向学生提供跨学科的课程。

(二) 英国高校创业教育的发展

1. 英国高校创业教育的发展趋势

英国高校创业教育发展趋势比较良好，尤其在年轻人中更是突出。调查显示，有30%的年轻人有自主创业的想法，53%的在校学生希望能够成为企业家。但在年轻人中他们对创业成功欲望比较高，他们认为创业成功既有较高的社会地位，又有一份比较好的收入。由于英国有一股创业热潮，这种良好的氛围会激发更多的人创业，再加上从调查显示有93%的初创企业通过自己的认真经营、合理规划，最后都成为知名企业。

为什么英国人的创业热情如此高昂？为何英国的初创企业存活率如此之高？究其原因还是要回到英国的高等创业教育上来。随着20世纪80年代高等教育的继续扩大，英国高等院校的数量也在不断增加，因此也就有大量的毕业生涌向了英国的就业市场。为了限制高校的入学人数，英国从2001年开始增收大学的学费，然而这也只是暂时缓解了高校的入学率，随着学生们经济负担的加重，学生们发现获得学位只是他们人生职业生涯的第一步。因此毕业生的就业能力就成为人们越来越关心的问题。在英国的就业市场上，对毕业生综合能力的要求越来越高，高校毕业生的就业问题是英国高校所面临的重大问题。因此，英国政府鼓励高校开展创业教育，也鼓励发展小企业。创业教育为国家和社会培养了一部分高素质人才，他们的创业减轻了社会的就业压力，也为政府解决了实际困难。因此，创业教育在英国政府的支持下，开展得有声有色，形成了良性循环，既提升了大学生能力，又解决了他们的就业。

英国创业教育的发展也是经历了一个艰难曲折的过程。其创业教育起步较早，积累了丰富的经验，取得了明显的成效，逐步形成了相对完善的创业教育体系。英国的创业教育开始于20世纪60年代，兴盛于80年代，是当今世界上创业教育比较成功的国家之一。英国政府起初只是为了培养和解决大学生就业问题，后来随着大学生创业成功，大学生的思想发生了很大的变化，在价值取向上带有明显功利性质。因此，英国政府把培养大学生的创业品质和意志、创业精神作为创业教育的主要工作来抓，使大学生能通过创业教育，提升他们的心理素质和职业技能，以便更好地适应社会的变化。

为了使创业教育在高校中得到升华和发展，英国政府将创业和创业教育作为优先发展领域，在政策上给予支持、引导和规范，从人力、物力、政策导向上为创业教育的发展提供了保障。这意味着创业教育已经纳入正规教育，成为高校的一项根本教育任务。高校也想了一些实招，制定了一些办法，研发了创业课程，强化实践教学，鼓励大学生广泛参与创业教育和创业活动等，这些既保证了高校创业教育的顺利进行，同时也极大地培养了学生们的综合能力。通过对英国大学创业教育的研究，发现英国高校开展的创业教育是在经济时代大背景下，顺应时代的一个选择，同时英国的创业教育既注重创业意识和创业通识教育，又注重创业技能的提高，而且把创业精神和创业意识的培养作为英国高校创业培养的重点，把创业教育作为终身教育来抓。

英国的创业教育主要呈现两类模式：一是商学院主导型模式，二是大学主导型模式。大学主导型模式比商学院主导型模式更占优势。

2. 英国高校创业教育的特点

（1）教育理念。20世纪80年代，英国开展了高等院校创业教育启动项目，在大学课程体系中融入创业教育内容，许多课程是围绕如何建立小企业或者如何自我雇佣展开，传授一般的就业技能，目的是降低就业压力，减少失业者数量。目前我国大部分高校创业教育理念还停留在这个阶段。后来英国政府认识到，创业教育不仅是为了传授建立小企业的知识和技能，而且是为了全面提高学生素质，更好地培养创新型人才。1996年的《迪林报告》和2003年的《兰伯特校企合作评论》都强调高校全面开展创业教育的重要性和必要性，目的是培养学生独立自信、勤奋勇敢等良好品格与创新精神，培养学生的创业技能与开拓精神，提高学生分析问题与解决问题的能力，让他们具备企业家的眼光，学会战略性地思考问题，以适应全球化知识经济时代的挑战。

(2) 教学与师资。

1) 专门机构。英国大部分高校都设立了创业中心，为本校师生的创业提供场地支持和指导，使得创业者的创业活动具有针对性和成功的可能性。同时各个高校设立专门机构进行教学管理以及实施教学。如位于苏格兰的斯特拉斯克莱德大学设立了亨特创业中心，该中心作为独立机构实施创业教育的研究、教学和培训，为学生甚至教师提供很多便利条件。例如，组织团队进行创业教育理论研究，为创业者提供相应的技术支持，提供低息贷款等。高校成立专门机构开展创业教育的好处在于，能够节约教育管理成本，更加有效地整合、利用教育资源，提高经济效益。

2) 课程设置。目前，英国将近67%的高校开设了创业方面的课程。英国的创业教育形式多样，无论文科学校、理科学校还是综合性高校都已经具备比较完善的课程体系。课程主要分为两种："为创业"和"关于创业"。在"为创业"课程中，教学内容不仅注重创业知识的传授，更注重实践能力的培养和经验的积累。在课堂学习之余，开展丰富多样的创业实践活动。例如，谢菲尔德哈勒姆大学为提高学生的实践能力，在全校推出了带薪实习项目，学生可以一边在课堂学习，一边到企业进行实习锻炼。对于在读期间就要创业的学生，该校创业中心会评估他们的创业项目，并提供指导老师和资金协助。总之，无论是到企业带薪实习，还是自己创业，在谢菲尔德哈勒姆大学都可以转化为学分和成绩。"关于创业"课程则主要传授必要的知识和技能，让学生对创业有一定的认识和了解，开阔学生的视野，在培养创业意识的同时，更注重理论的学习。正如英国大学生创业促进委员会的执行主任所说，并不是所有人都愿意或者都能够成为创业者，创业成功者毕竟是少数，但是培养学生的创业意识和创业精神恰恰是创业教育精髓所在。很多高校开设了网络学习模块，如考文垂大学的创业中心，开发了一个互动型的在线学习模块，包括在线调查、资料收集和讨论组等，目的是通过网络学习环境来培养学生的创业技能。总之，在英国高校，教学方法多种多样，在教学方法、手段和教学模式等各方面都讲究从实践中学，从经验中学。

3) 教材编写。英国各个高校都有专门的教材编写团队，或者几个高校联合编写，学校给予大力支持，提供经济上的支持，可以享受带薪假期等。所以在英国创业教育方面的教材十分丰富，最新的研究成果层出不穷，比较流行的教材如由培生教育出版社出版的《掌握创业学》和《创业与小企业》等，在英国高校中颇受学生好评和欢迎。

4) 师资队伍。创业教育成败与教师的执教水平密切相关，教授创业方面课程的教师不但应该有丰富的商业管理知识，掌握丰富的创业知识，而且还应该具备丰富的创业实践经验，具有良好的创业意识和创新创业思维。讲授"为创业"课程的教师中全职教师占到79%，21%是兼职教师；他们中98%曾经有过商业管理经验，70%的教师曾经创办过自己的企业。即使教授"关于创业"课程中，全职教师占93%；其中也有61%的教师有过商业管理经验，36%的教师创办过自己的企业。

(3) 支撑体系。

1) 组织与法律支持。为推进大学生创业，英国政府拨款建立了英国科学创业中心来管理和实施创业教育。该中心的工作主要包括：开展创业教育、密切联系产业界、支持创办企业，鼓励大学师生创办知识型企业、鼓励技术转化。目前，科学创业中心内下设13个创业中心涵盖了英国80多所高校，在当地企业和社区建立了良好的合作关系，为大学生创业教育提供了优质的资源平台与资金支持。英国还出台了相关法律，建立了良好的法律环境。英国大学知识产权法规定，大学无权自动拥有产生于学生的知识产权，这一点确保了英国大学生们自主创新创业的积极性。

2) 资金支持。英国在创业资金支持方面也别具特色。创业经费80%来源于政府设立的科学创业挑战基金和高等教育创新基金。政府为创业教育提供了有力的资金保障，对于支持大学开展创业活动和改革创业教育课程起到了巨大的推动作用。学校创业基金或金融机构提供发展创业启动金，它们是小额信贷，大学生在申请资助时不需要任何财产抵押和担保，且手续简便，利息很低甚至没有，并且可以分期还款。此外，英国政府还设立了很多奖金来鼓励大学的创业教育，还有很多资金是来自社会团体、企业和慈善机构的捐助。

(三) 日本高校创业教育的发展

1. 日本高校创业教育的发展历程

20世纪60年代，日本经济的高速发展，急需高科技人才和技术娴熟的工人，日本高校重点培养应用型理工科类专业人才，以大力发展"五年一贯制"高等专科学校为重点，和企业多方联系，开展了多种形式的产学合作教育。随着日本高等教育入学人数的增长，一些高校开始开设帮助技术拥有者实现创业的课程，当时，课程的层次和范围都非常有限。

20世纪70年代，日本的企业数量逐步增多，人才的数量和质量成为一个巨大缺口。高校为企业开展了管理、经营、营销的培训，开设了面向企业人员的、市场营销等课程。许多大学将职业规划教育的理念纳入学校教学、学生的学习和生活实践中，将职业规划教育的总体指导和个别咨询相结合，积极和相关企业及社会机构合作，开展联合讲座、专业实践、实习等活动，以学生理解专业教育并能在社会中灵活运用为重点，构筑以语言能力、跨文化交流能力为特色的职业规划教育体系。

20世纪80年代，日本高校的创业教育开始起步，很多高校开设了以创业教育为主题的讲座，培养学生的创新创业能力。20世纪90年代，日本高校创立了见习制度，这对培养学生的职业观念和工作能力有一定的帮助，但其培训时间短，涉及程度较浅，因此并不能够带来显著和持续的效果。

进入21世纪以来，日本高校以培养学生的创业精神、生存能力、思维方式、创业技能为重点，面向大学生、研究生和社会人士全面开展创业教育，创业教育迅猛发展，至今已有早稻田大学、立命馆大学、庆应大学、大阪商业大学、横滨国立大学、信州大学、东北大学等247所高校将创业教育纳入本科和研究生的必修或选修课程，开展内容和形式各异的创业教育。

2. 日本高校创业教育的特点

（1）课程体系化。日本高校的创业教育课程涵盖了以创业精神和创业意识为主的创业素养普及课程、以提高创业经营实际技能为主的经营技能演习课程和以创业作为辅修专业的副专业等课程，使学生学到全面的创业知识，方便学生自己创设企业。东京工科大学、日本大学、大阪经济大学、横滨国立大学和广岛修道大学等高校开设创业素养普及课程，培育学生的创业精神，激发学生的创业意识。庆应义塾大学通过开设"SIV""新事业创造论"等课程，培养学生实际的创业技能，提高学生的商务策划能力，经常和联系密切的企业家进行交流、讨论，在实际操作中增加创业体验、提高创业技能、制订创业计划书。

（2）教育衔接紧密化。自1998年开始，日本就将创业教育纳入了国民教育体系，从小学开始实施创业教育。如通过手工制作、理财教育等课程，让学生自然而然地掌握自我负责原则和投资意识、风险意识，萌发认识创业的想法，从小培养学生的创业心理意识和意志品质。在中学阶段，对学生进行简单的理财教育和经营管理教育，让学生参与相关的市场调研、创业计划书的制定，培养学生的社会交往、挑战和冒险、团队合作等技能。在大学生阶段，通过实施综合的创业课程教育，在进一步加强创业精神教育的基础上，对学生开展创业技能的培训。通过三个阶段的创业教育，从少到多、从易到难，渐进地普及创业知识和创业技能，激发学生想创业、懂创业、能创业的潜能，为学生创设企业奠定了基础。

（3）政府、企业、高校一体化。在政府方面，以经济产业省、文部科学省、厚生劳动省为中心的中央省厅，把创业教育作为国家发展的重要课题，在简化公司申请程序、提供资金援助方面出台了相关政策，通过设立"中小企业创业综合支援中心"，研究出台"青年自立挑战计划"，颁布《技术专业促进法》，建立高校创业联络员制度，指导、推动、协助、服务高校创业教育。在企业方面，很多大企业向高校提供人才需求意见，为学生创业实习提供实习基地，为有发展潜力的创业计划注入启动资金，联合高校开发创业教育教材和课程，制定创业型人才培养计划及实施方案。高校不断更新创业教育理念，邀请成功的创业家和有丰富创业经历的企业家担任导师，引入政府和企业主导的办学思想，加强创业孵化基地、创业辅助机构的建设，结合本校特色开展创业教育，建立和政府、企业双向交流制度，不断提升创业教育质量。

二、国外创业教育的经验

通过对美国、英国、日本高校创业教育发展的比较分析，认为我国高校创业教育需要对创业教育目标、创业教育师资队伍、创业教育教学方法、创业教育课程设置和创业教育支持体系进行优化。实现创业教育目标具体化和特色化、刺激创业教育师资队伍多元化、创业教育教学方法特殊化、创业教育支持体系全方位化。

1. 创业教育目标的具体化和特色化

树立创业教育目标之前首先要转变传统的观念，要认清国家的形势。现在大学生已不再是以前所谓的"天之骄子"，考上大学不一定就意味着一毕业就有好的工作等着他们。高校和学生应该改变传统的择业观,把自主创业也列入就业选择方案当中。

各大高校创业教育要想顺利展开,应根据学校的人才培养要求、自身的实际情况并且结合国情,确定适合学生个性发展和学校办学特色的创业教育目标。特色化的创业教育目标,使高校可以充分利用自身和社会的各类资源结下创业教育目标制定的不同,实现学生和高校"双赢"的局面。因此,创业教育目标不应该盲目地追随、照搬其他高校,而应该贯彻科学发展观、谨记社会责任,划分创业教育和企业盈利为目的的界限,结合学校的办学特色和学生的个性发展需要进行设定。

2. 刺激创业教育师资队伍多元化

教师是"传道授业解惑者",教师之于创业教育的巨大作用毋庸置疑。而目前我国高校创业教育师资队伍建设并没有得到足够加强,出现对创业教育师资队伍进行专项的培养或者选拔的学校为数不多,总的来说创业教育师资力量比较薄弱。创业教育师资队伍需要囊括经济管理类专家、工程技术类专家、政府经济部门专家、成功企业家、孵化器的管理专家和风险投资家等各类专家,同时任职教师必须具备一定的实践经验。

师资队伍是创业教育顺利开展的前提条件,因此建设一支强有力的创业教育师资队伍对于创业教育的作用不容小觑。创业教育师资队伍构建需要得到全校的支持,诚聘拥有一线创业实践经验的人来当老师,组织一些对创业有感触的企业家来学校分享他们在创业过程中成功或者失败的经验,与相关领域的专家、学者形成一个创业教育智囊团,为创业教育提供有力的支持。因此,各大高校应出台激励措施,为教师研究提供资金保障,为吸引国内相关学科优秀教师、企业家和引进海外创业相关教师或企业家提供物质激励。同时,应在创业教育师资队伍中不断开展继续教育和研究活动,加强创业教育的师资培训,提高该领域教师的创业素质和能力。以一定的组织、领导形式推动机制的建立,对资源加以整合,并上升到办学理念的高度来认识。

3. 创业教育教学方法特殊化

创业教育是一种新的教育理念,它不仅体现了素质教育的内涵,而且突出了对学生实践能力的培养。教师必须摒弃传统的"满堂灌"教育方式、改进创业教育教学方法、把理论知识与实践相结合,引导学生发扬创新精神。

创业教育的主体是学生,创业教育教学中应该充分发挥人的主动性。在教学中,高知工科大学采用小团队进行实验和练习。学生要运用自己的智慧,通过在团队中清晰表达自己的想法,并与其他成员合作来解决情境当中的问题。这种教学方法有效地培养了学生的逻辑思维,以及准确地讲、读、写等能力。提升学生的认知,让他们愿意学习。在学习的过程中,学生充分享受人权,教师和学生的关系非常和谐,很好地实现从传统的"被动学习"到"主动学习"的转变。

创业教育最终是将付诸实践的,因此创业教育也可以说是一种实践教育。案例教学法是赛德商学院和高知工科大学所共同遵循的创业教育教学特色,教师提供真实公司的案例,学生可以运用创业教育中所学到的知识和技能以及获取的经验,学以致用,制定"真正的"管理决策。通过不断地实践和总结经验,学生今后不论是创立公司还是选择就业都将受用无穷。

因此,我国高校在进行创业教育教学中应该采用特殊的教学方法,结合实践,充分挖掘学生的潜力,让学生学会主动学习。在教学中,应遵循创业思想和行为、社会、环境、经济责任和可持续发展原则,真正领会创业教育的真谛。

4. 创业教育支持体系全方位化

创业教育是一个长期浩大的系统工程,需要高校、政府等组织的联合作为创业教育提供完善的支持系统,概括来说其实就是加强人力、物力、财力和法律政策法规,全方位加强对创业教育的支持力度。

我们应该借鉴上述几所大学在创业教育支持体系上的经验。包括校友对创业教育的支持、学校自身对创业教育的支持、政府对创业教育的支持。校友资源是一种很宝贵、很特别的资源,学生对母校都有一定的情结。校友在获得一定的成功之后,重回母校,一种亲切的感觉油然而生,把为母校的建设和发展尽自己的力量视为一种义不容辞的责任。很多校友可以利用自己的资源,即自身的经济实力、对社会的影响力和人际关系为母校筹集资金。这样不仅提高了学校的声誉,而且也有利于学校争取到社会其他方面的资助。校友的参与直接影响学校的招生、招聘。他们的积极参与足以显示母校在他们心目中的地位,证实了创业教育所带来的积极效果。

高校创业教育的开展,除了运用校友等资源外,还应该根据自身的办学特色把创业教育发扬光大。如高知工科大学设立专门独立的模块,包括就业指导、职业(正规课程)、实习支持、企业联席会议、就业指导和求职援助巴士游。通过这个创业教育模块对创业教育进行系统全方位的支持。

在上述各大学中,政府政策和制度以及资金支持对它们创业教育的发展均发挥着重要作用。同样，我国高校创业教育开展也需要政府提供政策和制度以及资金方面的支持。政府应根据社会形势不断完善原有的创业优惠政策，同时不断出台新的创业优惠政策，采取切实有效的措施，为大学生创业提供优越的环境和氛围。

第二节　我国创业教育现状

一、高校创业教育的发展

20世纪90年代，我国高等教育在实施素质教育时，把创业教育渗透到其教育之中，紧跟世界高等教育思想变革的发展趋势。但是，一方面很多高校对开展创业教育课程的现实意义缺乏正确认识，认为创业教育是处于"正规教育"之外的可有可无的"业余教育"；另一方面高校所开展的创业教育课程没有形成体系，课程设置缺乏系统性。有人认为，把创业教育纳入教学环节，不能靠开设几门课来解决问题，它将涉及教学的系统改革，学校教学的各个环节都需做出相应的配套、调整和支持。

1998年12月24日，由国务院向教育部批转的《面向21世纪教育振兴行动计划》文件中，要求各高等学校一定要在大学生中实施创业教育，鼓励大学生自主创业。随后在全国教育工作会议上，对创业教育又做了加强，高校中一定要把培养创新精神和创新人才作为发展的目标，要求高校一定要转变观念，转变教育模式。一些国家领导人相继对加强创业教育做了相关指示，并要求政府部门在落实创业教育过程中对大学生的创业给予大力支持。通过政府设立小额贷款扶持、鼓励、帮助大学生的创业，认真践行创业政策。

教育部2000年1月11日在全国高校技术创新大会上，对大学生创业做了重新规定，如大学生、硕士生、博士生，可以采取休学保留学籍的方式来创业。参加此次会议的多所大学校长表示非常赞同大学生创业，只需在规定的时间内（原则上为两年）完成学业。接着，许多高校相继出台了一些帮助和鼓励大学生创业的政策和举措。在国家政策对创业教育的引领下，高校大学生的创业教育有了实质性的发展。

据一些学者关于创业教育方面的研究，在我国高等学校中可以分两个阶段开展创业教育和创业活动：

第一阶段号召各高校根据自己的办学特色自主探索创业教育。在这一阶段，一些层次比较高的学校及时制定了创业教育计划实施方案。"清华大学大学生创业计划大赛"作为首届创业活动，在全国高校中影响特别大。接着由团中央和全国学联发起号召，在全国举办"挑战杯"创业大赛，据此全国创业大赛，创业活动拉开帷幕。一些高校也把创业课程安排到教学计划当中去。如"科技创业""创业教育"等课程作为高校必修课程，在此基础上，一些科技园相继建立，为大学生创业提供了便利并给予政策支持等。同时，还为大学生创业给予经费支持，缓解大学生筹资难的问题。随着创业教育的开展，人们对创业的认识越来越认可，社会的支持和高校的重视程度越来越大，给大学生创业也带来了越来越多的便利。

第二阶段由政府给予政策支持等多元化发展。为了使创业活动有特色、有代表性，教育部确定9所高校作为创业教育试点院校，清华大学把科技论坛、大学生科协、专家报告会、创业学术沙龙等作为创业教育的亮点；中国人民大学在课程管理和设置上规范科学，针对大学生创业特点，开设《企业家精神》；针对创业中的管理方法，开设《创业管理》，同时还开设一些选修课。北京航空航天大学为大学生搭建创业平台，除开设了一些课程外，注重实践，尤其是创业园的建立，让大学生在实践中提升创业能力，真正把创业教育理念渗透到大学生的课程和学习生活中。

二、我国高校创业教育取得的成绩

1. 我国高校创业教育模式初步形成

在2002年教育部选择9所高校作为开展创业教育的试点后，我国高校创业教育取得了较大进步。目前主要形成了三种创业教育模式：

（1）第一、第二课堂结合模式。这种模式的实践以中国人民大学为代表，在开展创业教育中将第一课堂与第二课堂结合起来。这种模式除培养学生创业所需的基本知识、理论与技能外，还注重培养学生创业意识。第一课堂侧重学生创业理论培训。主要开设了创业管理等相关课程。通过这些课程的学习，培养学生创新思维，拓宽学生自主选择与促进个性发展的空间。第二课堂侧重学生创业实践培训。通过开展创业教育讲座、开展各种创新、创业竞赛等多种方式，鼓励学生将第一堂课所学的创业知识运用于社会实践活动中。形成了以专业为依托，以项目和社团为组织形式的"创业教育"实践群体。

（2）健全教学机构模式。这种模式的实践以黑龙江大学为代表，通过组建职能全面的创业教育教学机构来推进创业教育。黑龙江大学成立了5个校级创业教育试点单位，全面推进创业教育。这5个单位分别是创业教育领导小组、创业教育学院、创业教育中心、创业教育协调委员会、创业教育专家组。学校通过教学改革，充分发挥教育试点单位功能，在专业教学领域和创业实践领域分别推进创业教育。首先，在创业知识教授领域，开设多门课程，为学生提供多选择的创业教学资源。其次，在创业社会实践领域，通过资金资助和奖励等办法，鼓励学生参与到创业实践中。此外，还可通过创业宣传，引导广大学生参与创业教育的学习和实践，全面提升学生的就业竞争力和创业素质，实现学生灵活就业和自主创业。

（3）以创新为核心的三教育模式。这种模式的实践以上海交通大学为代表，在创业教育中以素质教育为基础、终身教育为理念、创新教育为核心。除向学生讲授创业知识以外，还向创业者提供必要的资金和技术咨询等。该模式特别注重对学生创业实践的培训，并建立创新活动评价体系。最终实现专才向通才、教学向教育、传授向学习三转变。

2. 大学生创业教育政策正式出台

在我国，各级政府及相关部门已经逐渐意识到创业和创业教育的重要性，并出台了相应政策和措施支持高校创业教育。

2005年，共青团中央、全国青联与国际劳工组织合作，引进和实施KAB、SYB创业教育项目。2007年，党的十七大明确提出了"以创业带动就业"的方略，为创业教育的开展提供了纲领性文件。在2008年1月1日正式实施的《中华人民共和国就业促进法》中提出了国家实行有利于促进就业的税收政策，鼓励劳动者自主创业，扶持失业人员再就业。2008年10月29日，人力资源和社会保障部等11个部门出台《关于促进以创业带动就业工作的指导意见》，对高校毕业生创业进行指导，并给予一定程度的税收、贷款等优惠。2009年1月，国务院会议出台了促进大学生就业的7项措施。2010年，教育部出台《关于大力推进高等学校创新创业教育和大学生自主创业工作的意见》。2012年教育部出台《关于做好"本科教学工程"国家级大学生创新创业训练计划实施工作的通知》。2013年5月，党中央陆续出台关于创新创业的文件。2015年3月国务院出台《国务院办公厅关于发展众创空间推进大众创新创业的指导意见》。2015年6月国务院正式公布《国务院关于大力推进大众创业万众创新若干政策措施的意见》，这些措施极大地鼓励和支持了大学生自主创业。

第三节　应用型高校创业教育的发展趋势

一、以CDIO模式建立创业教育课程新体系

立足于解决应用型高校创业教育发展面临的问题，结合CDIO教育模式的人才培养理念，以创业为目标对应用型高校学生进行全面培养，从意识培养到理论掌握再到创业实践全面提高应用型高校学生的创新创业水平，把创业教育课程分为以下四个阶段。

（1）"产品"了解。本阶段主要以了解创业和感受创业，培养并提高学生的创业意识为主。让学生了解什么是创业、创业精神和人生发展，并明确三者的关系。

（2）"产品"构思。本阶段主要以创业团队及团队的建设为主。让学生了解什么是创业团队，如何建设一个符合社会创业要求的高水平创业团队，并使学生能够理性认识什么是创业和创业者。

（3）"产品"设计。本阶段主要以创业资源和创业计划为主。教育学生如何寻找并利用身边的创业资源，勾画自己的创业蓝图。让学生了解如何获取创业资源，掌握创造性整合资源的获取途径及方法。

（4）"产品"实行。本阶段主要以企业创办为主，提出的创业教育课程体系的最后一个阶段。主要让学生了解企业本质、创办企业流程及相关的法律问题、企业风险管理等方面的知识，最后，在学生认清创办企业所必须关注的所有问题之后，鼓励并帮助学生在其自身实际情况允许的条件下自主创业。

二、以"二次创业"模式丰富学生创业经验

为降低应用型高校学生的创业风险，提高学生的创业实践能力，丰富学生的创业经验，教育部提出一种"二次创业"的高校学生创业教育模式。该模式下，

学生拥有两次从学校获得全面创业帮助的机会，学生的第一次创业为校内创业，期间学生可向学校申请到一定的创业启动资金，学校视学生创业的实际情况给予资助。另外，学校还在市场定位、法律咨询、政策咨询等方面为学生提供全面援助，与学生合作共同经营共同管理企业，帮助学生创业快速成长。但与此同时，学校持有学生所创企业的一定股份，当学校收回所资助的资金后即从学生所创企业中撤离。而"二次创业"为校外创业，学生必须是学校的应届毕业生且必须曾进行过校内创业，学生像校内创业那样在经过学校考虑认可后可从学校申请到一定的创业启动资金，学校在学生创业初期为学生提供与校内创业相同的帮助，但学校不干预学生所创企业的经营管理，学校仍持有该学生所办企业的一定股份，但学校一旦在企业发展稳定之后就需要马上从企业当中撤离。

三、以"双导师制"推进创业教育队伍建设

应用型高校创业教育要做到兼顾理论教育和实践教育决定了必须具有一支创业理论扎实、创业实践经验丰富的优秀教育队伍。应用型高校以"双导师制"为指导推进创业教育队伍建设，在校内挖掘有较强创业理论知识的教师作为培养学生创业的校内导师，在校外聘请具有丰富创业经验的创业者或具有优秀企业经营管理经验的企业工作者作为学生创业的校外导师。校内导师负责理论教育、创业意识培养、创业引导，校外导师负责实践指导、创业实践能力培养、创业咨询。通过"双导师制"的实行，进一步提升应用型高校创业教育队伍的教育水平，推进创业教育队伍的建设，以更好更全面地提高应用型高校学生的创业能力。

四、以"官校企"合作为基础建立创业孵化园

应用型高校与企业和政府合作共同创建创业孵化园可以进一步提高学生的创新、创造、创业和自主管理能力，让企业充分挖掘利用高校学生的创新创业资源，降低大学生创业风险，提高大学生创业成功率。园内创业学生可利用企业提供的资助解决创业资金不足的问题，学习企业丰富的经营管理和技术经验，全面提高自身的自主创业能力。同样，园内企业可以通过利用园内资源获得更大的经济效益，学校可通过创业孵化园解决部分学生的就业问题，达到国家的创业教育目的，提高大学生的创业就业率。

五、以专业为依据建立学生自主创业工作室

为进一步提高应用型高校学生的创业实践能力,激发学生的创业热情,平衡应用型高校创业教育当中理论教育与实践教育的位置,为学生创造更多创业实践机会,需要为学生建立一个由学生自主管理的学生自主创业工作室。工作室具有四大功能:一是为学生提供一个模拟的尝试创业环境;二是为学生提供一个良好的前期准备工作环境;三是作为一个学生创业资料备案库,保存并记录工作室中前人的创业过程和经验,为后人提高参考;四是通过工作室把创业学生联系在一起,形成一个庞大的学生创业交流平台和创业人力资源网络,为学生创业提供更好的交流平台。在应用型高校创业中,学生创业必须以专业为依据,以专业的角度看市场、看形势、看发展。因此,应用型高校对不同专业的学生创业实践教育必须立足于不同学生不同专业,在组织创建创业工作室时需要把专业作为其建立的一个重要依据。

第二章 高校创业教育的理论基础

第一节 主体教育理论

20世纪末以来高等教育规模不断扩大,已经从"精英教育"步入"大众化教育"阶段。近几年,每年都有数以百万的大学毕业生无法顺利找到工作。党的十八大报告明确提出了"完善支持自主创业、自谋职业政策,加强就业观念教育,使更多的劳动者成为创业者"的目标。中国高校在这种背景下开始了实现创业教育路径的探索,取得了一定成绩,但也出现了创业教育理解的片面性、创业教育目标设置的功利性、创业教育课程体系的单一性、创业教育主体参与的被动性等问题。

一、主体性教育理论与创业教育的高度契合

高校创业教育的目标是通过创业教育的开展,唤醒和激发学生内在的创业热情和意识,使学生通过学习和锻炼,具备将创业意识转化为创业行动的能力,在条件成熟的时候有可能成为真正意义上的创业者。

学术界高度重视从主体性教育理论视角来研究教育问题,为构建创业教育体系提供了崭新而重要的视角。主体性教育理论认为,主体性是人的本质的重要体现,教育目的在于确认和尊重受教育者的主体性,通过教育过程促进受教育者的积极性、自主性和创造性发展。

创业教育和主体性教育的高度契合表现在四个方面。从根本上来说,创业教

育具有主体性教育的特征，是一种重视人的主体性、以人为本、注重发展人的创造性的教育。从教育理念来看，创业教育的首要理念就是坚持主体性教育理念，即以学生为中心、以实践为重点、以成才为目标。从教育目标来看，创业教育的直接目标在于培养具有主体性的创新型人才。从教育过程来看，创业教育的过程与主体性教育的过程具有内在一致性，均把主体性作为教育的基础条件和目标指向。因此，在创业教育过程中如何树立主体教育思想，培育和发展大学生的主体性应成为研究的重要课题。

二、创业教育体系中的主体性缺失

主体性教育理论对教育实践活动提出人本的观念，主张尊重和确认教育过程中受教育者的主体地位，提高受教育者的主体意识，促使其成为能进行自我教育和自我发展的社会主体。但在现实的创业教育中，受教育者未能成为创业教育关注的核心，其主体性有待进一步加强。

（1）教育目的功利化，教育对象狭窄化，教育过程同一化，反映了目前创业教育未能关注学生整体，不能有效激发受教育者的主动性和积极性。创业教育是人才培养的一种新型模式，是建设创新型国家、促进经济社会发展的必然要求，是高等教育自身发展和大学生实现自我价值的内在要求，也是解决就业难题的有效途径。创业教育应面向全体学生，努力培养全体学生的创业意识和潜能以造就未来的创业者。但部分高校为了缓解就业压力及追求创业教育的快效，将创业教育直接视为将少数学生培养为创业者的教育，忽略了对学生创业意识和潜在能力的培养，使部分学生认为，创业是极少数创业能力强的学生的舞台，与自己无关。态度决定行为，学生的错误认知直接影响学生接受和参与创业教育的积极性。

（2）高校创业教育存在严重的同质化现象，未顾及教育层次和学生差异，针对性不够。不同类型的高校、各类专业、同一专业中的不同学生各有特点，决定了大学生创业的领域和层次、方式和方法应有差异。高校需努力探索富有自身特色的差异化创业教育模式，通过在教育目标、内容、方法、过程等方面全方位实施"优化化"教育，促进学生创业素质的充分发展。

（3）高校普遍缺乏创业教育模式下的专业师资。主体性教育理论认为，教师和学生在创业教育中都具有主客体双重性。教师是创业教育课程教学成功与否的关键。目前，高校创业教育师资队伍的结构单一、缺乏系统培训、缺乏摸索创

第二章 高校创业教育的理论基础

业教育特色开展的能力和热情。学生则认为教师没有创业经历，对教师的教学效果持怀疑态度，影响了创业教育的成效。

（4）高校创业教育的教学考核不够规范和完善，不能有效调动和保障师生参与创业教育的主动性和积极性。考核方案包括对学生创业课程学习效果的考核和对教师创业教学工作量的考核。目前，高校对学生创业课程学习的考核做法不一。部分学校没有考评，凭学生自愿参与，有些院校适当给学分；对教师创业教育工作量和指导创新项目成绩的考核体系也处于不规范状态。

三、大学生创业主体性的科学培养

1. 确立大学生在创业教育中的主体地位

国内很多高校借鉴国外创业教育实践经验进行了探索，但国内高校学生不到1%的创业成功率使业界出现了质疑创业教育的声音。中国创业教育尚未成熟，特别在学生的培养目标中，还没有把创业精神作为一种学生在大学教育中应该获取的意识和行为特征。高校要转变教育理念，实现创业教育观念上从"以就业带创业"、狭隘的创业者培养等观念向创新创业型人才培养的观念转变，确立系统并彰显实践性的课程体系，配备丰富的教师资源，建立成熟的教育实践基地，为学生接受特色、全面的创业教育提供完备的条件，引导和激励大学生参与创业知识探究和创业能力培养。

2. 形成个性化的创业教育模式

横向上，构建包含创业课程平台、创业竞赛训练平台和创业实践平台的层次分明的创业教育支撑平台。创业课程平台是由管理和创业基础课程项目、创业精神培养课程项目以及创业实战课程项目构成的渐进式的课程平台，能满足不同年级和不同类型的学生掌握创业基本理论知识的需要。

纵向上，紧密结合专业和实践，构建普及型—提高型—精英型—实战型四个层次的创业教育指导模式。普及型创业教育面向高校全体学生，致力于大学生素质发展和成长成才的需要，着力培养学生的创业意识、创业精神、创业激情和创业价值观，激发学生"想创业"。

3. 加大高校创业教育师资建设

第一，积极培养校内创业导师，这是实现创业教育任务的主力军，其素质直接影响高校创业教育的质量和成效。高校可以聘用和培养理论实践兼具的教师，也可以对原有理论或实践单一化的教师进行专项培训，使他们配合完成创业教育任务。第二，聘用社会创业成功人士、风险投资家、执业律师等人员，建立理论功底深厚、实践经验丰富的校外创业导师队伍，将创业过程诸多的缄默知识显性化，在大学校园大力弘扬"劳动为本、创业立身"的优良文化。第三，适当引进创业教育人才。通过以上举措，高校建立起校内导师为主、校外导师为辅的专兼职结合的创业教育师资队伍，为创业教育的顺利开展奠定坚实基础。

4. 建立、规范和完善高校创业教育考核方案

由于创业教育的复杂性，目前国内高校尚未建立起健全成熟的、可操作性强的评价体系。高校应充分考虑创业教育基于隐性知识学习与行动的特征及以"干中学"为基本的指导方式，采用书面考评与实践考评相结合的评价方式，规范考核监督以确保考核结果的客观和公正。

创业教育既是知识经济时代高等教育发展的必然要求，也是以创业促进就业，更好解决大学生就业问题的现实选择，从而实现经济社会发展和促进就业的良性互动。创业教育不仅是高校的工作，也是家庭、政府、社会共同的责任和义务。高校要把握主体教育的理念，落实师生主体性到位问题，社会各部门群策群力，共同营造大学生创业实践活动的良好环境，才能培养大学生的创业能力和综合素质，推动我国高校创业教育的健康发展，为社会培养更多的创新创业人才。

第二节　个性教育理论

一、个性化教育理论与创新创业能力培养

高校对大学生创新创业能力的培养离不开个性化教育，个性化教育是现当代大学生发展创新思维、实践创新能力的基础。个性化教育重视学生作为独立个体存在的特性和这种特性在受教育过程中所起到的重要作用，从而促进学生的自信力、创造性、主动性和实践能力，造就具有创新创业能力的新一代价值个体。

（一）个性化教育理论概述

1. 个性化教育理论的内涵

个性化教育是一种全新的教育理论，是直接针对当前传统教育的弊端提出的新型教育方式。传统教育的最大缺陷在于无视人的个性存在，藐视人的个性需

要，忽视人的个性发展，不重视教育对促进个体的完善及全面发展的功能。因此，要理解个性化教育理论的内涵，首先就要摆脱漠视、轻视甚至忽视个性和个性发展的观念，形成认同、尊重和关注人的个性及其发展的新观念。

个性化教育理论是着眼于充分发挥每个人个体性的教育，针对人的个性差异实现人的全面发展，体现人的主体性，激发人的创新性，完善人的独特性，是以人自身为目的的教育方法，可以说是真正为实现素质教育而进行的教育方式。

由此，个性化教育理论包括以下四个层面含义：一是指教育的人性化、人道化（包括教育的时代背景与教育模式）；二是指教育的个人化或称个别化（包括教育应考虑个人的生理、心理、年龄特点，考虑个人的天赋、特长、兴趣、爱好，考虑个人的社会志向和职业选择等）；三是指教育的特色化（包括有个性特色的培养目标、专业设置、科研优势，有个性特色的教学内容、方法、手段等）；四是指培养良好个性素质全面和谐发展的人。

2. 个性化教育理论的目标

个性化教育理论要将社会发展的要求与个体发展的要求相结合，其目标是培养出人格更完整、知识更全面、能力更突出、身心更健康、阅历更丰富、独立创新能力更强的人才。个性化教育的重点是将学生个体作为教育的根本出发点，有利于大学生独立人格的塑造，能较好地发挥个体性格优势，开发其创造潜力。高校甚至可以通过个性化教育理论引导和提高大学生的综合素质。

要开展个性化教育，其目标定位必须考虑以下三个方面：首先，要尊重学生的个性特点，引导学生发现自我，认识自我，充分挖掘学生的潜能，发展学生多方面特性，尤其要重视培养学生的创新能力，提高学生的专业技能；其次，人才的最基本素质是成为"人"，要具备基本的道德规范和开拓进取、团队协作、诚信等基本品质，同时在身体素质和智力发展上有自我完善的能力，能够保持身心健康，这也是个性化教育所要追求的；最后，依据马克思的人学理念，人类的最终解放应该是实现个体自由而全面的发展。因此，个性化教育理论的目标最终也是促进个体实现自由而全面的发展。

总之，个性化教育理论的总目标应该是培养个性健全，身心健康，富于创造力和实践精神，能够适应社会发展需求的全面发展的人才。

3. 个性化教育理论的具体内容

实施个性化教育，在尊重学生个性的基础上，激发他们的学习主动性、积极性和创造性，充分挖掘其创造潜能，是我国高等教育改革发展的时代要求，也是

应用型高校创业教育体系构建研究

大学培养更多创新人才的迫切需要。因此，个性化教育的内容应包含以下三个方面。

（1）促进个体主体意识的形成和确立。人的主体意识是指人对自我主观能动性的认识，是消极、被动地接受自然界，还是积极、主动地认识和改造自然界。主体意识的确立，包含对生命价值的认识，对自我存在价值的认识。人的主观意识突出表现为人的创造意识，确定主体意识就是正确认识自我存在价值，理解生命的真谛，正确树立起对理想和信念的追求，确立积极乐观的人生态度，充分发挥创造性和主观能动性，通过教育和实践，促使自己成才。

（2）培养独立人格和良好的心理品质。人格往往包含一个人的性格、气质、能力等内容，通常是指世界观、人生观、价值观的表现形态。培养学生健全、独立的人格特征，包括培养学生树立远大的理想，培养良好的道德修养和高尚的情操情趣，具有良好的交际能力等。良好的心理品质表现为有健康的心理，能正确认识自我价值，具备稳定的情感和积极的思想观念，具备坚强的意志和高度的责任意识。

（3）发展个性潜能和实现自我价值。在人的全面而自由地发展还不具备现实条件的目前历史阶段，培养一个人的兴趣、爱好和特长，无论对人的发展还是对社会的发展都有重要意义。发展人的个性特长，往往能最有效地、最大限度地开发一个人的个性潜能。学校教育的实质，就在于帮助学生在无数的生活道路中，找到一条最能鲜明地发挥他个人的创造性和个性才能的道路。

总的来说，个性化教育理论这三个方面的内容可以有效地提高大学生创新创业能力。首先，促进了个体主体意识的形成和确立能激发大学生对创新创业产生积极主动的兴趣，主体意识的加强会使创造意识随之强化，在清晰的自我认知下明确自己追求的理想，乐观而主动地发挥能动性与创造性，这是创新创业的前提；其次，培养独立的人格和良好的品质可以使大学生"三观"健康，在高尚的道德修养和情操的影响下，人的思想观念更加正向积极，意志坚强而有责任感，这些正是创新创业所需要的基本素质；最后，发展个性潜能有助于大学生在创新创业的过程中更多地发挥自身能力，并在此基础上进一步实现自我价值，大学生创新创业就是为了自我价值的实现，个性特长往往是一个人激发潜能的最有效手段。个性化教育重点就在于承认差异、发展个性、发挥自我潜能，而创新创业能力正是个体运用自身特点和已知信息，突破常规，发现新颖独特的新思想、新事物并将其转化为个人和社会价值的能力。因此，个性化教育的内容与大学生创新创业能力培养密不可分。

(二) 个性化教育理论与创新创业能力培养的关系

个性化教育理论与大学生创新创业能力培养之间有着密不可分的关系,两者相辅相成。个性化教育理论是创新创业能力培养的必要条件,如果个性化教育缺失,创新创业能力培养就无从谈起。创新的基础就是具有主体性的个性化创造,没有个性就没有创新。个性化教育理论指导教育实践,能对大学生创新创业能力培养中的实践训练起到指引与促进作用,而更多的创新创业能力的实践教育经验又反过来促进个性化教育理论的发展和完善。培养每个大学生个体的创新精神和创新意识,并且能让他们以此为依托具备创业的能力是高校创新创业教育的核心。反之,创新创业能力的培养也有利于大学生个性的发展,使其养成独立思考、独立研究的思维习惯,摆脱传统教育下养成的长期服从性的弊端。个性化教育在提升大学生创新创业能力中起到了非常重要的作用,是培养创新创业能力的有效手段,具有不可忽视的功能。

1. 个性化教育理论有助于学生创新思维的培养

个性化教育理论强调以个体为出发点的方式激发学生的学习兴趣,有助于培养学生的创新思维。在传统的教学模式下,学生常常是被动接受的一方,教师等知识传播者成为掌控话语权的主体。这带来的问题是教师知识传授的深度、进度是不可能适应于每一个学生的。学生个体存在差异,吸收知识、理解问题的能力和思维方式都不会完全一样,尤其在上"公共课""大课"时学生人数众多,教师更无法照顾到每个学生的个体差异,在这种氛围中大学生的创造潜力和自主学习能力都会受到压制,难以激发他们的学习兴趣,更不要说自主创新的意识了。

与传统教学理论相比,个性化教育理论更加人性化,不但尊重学生个体差异,而且显示出更多的人文关怀,更能促进学生创新思维的培养。首先,个性化教育理论关注学生所长,有教无类,注重人人成才的理念;其次,个性化教育理论关注每个学生的思维特点,不同成长环境对学生思维形成的影响,能有效促进学生心智的成熟;最后,个性化教育理论注重个性化思维训练,例如有意识地锻炼学生的思维方式、辨识与认知问题的能力,找到解决问题的方法等,使其看待问题时能找准主要矛盾和矛盾的主要方面,这些个体思维训练,都可以很好地促进学生创新认识模式的形成。

在教学中关照到每个个体的需求,是现在高校教育发展的大趋势。它能更有效地提升教育成果,大学生已经不同于中小学生,他们的思维正处于人生最活跃的阶段,如果教育方式依旧沿袭以中等学生水平为参照的模式,不关注个体差异的问题,绝对会对消减处于"中等水平"两端的学生的学习和思考兴趣,渐渐倦怠,丢弃主动学习精神和创新意识。个性化教育理论在尊重每个学生主体的基础上,会关照到每个个体的不同点、兴趣点、长处以及思维习惯,根据这些去激发他们兴趣点,锻炼其思维能力,并最大限度地开发其创新的潜力。教师根据学生的个性特点,有针对性的观念启发和适时点拨、有助于学生对自己感兴趣的领域和未知的领域进行积极探索,自觉加深对问题的思考,创新精神和创新思维将得到极大激发,在个性发展需要的基础上开展教育,个体创新思维可以得到最好的培养,学生会因此自觉地培养起独立思考习惯和创新思维方式。

2. 个性化教育理论有助于学生创业能力的培养

个性化教育理论以尊重学生的个性发展需要为前提,有助于学生在自主学习中提高创新创业能力。个性化的教育理论为大学生提高综合创业能力提供了条件,个性化教育理论以学生个体性为根本,有尊重学生个性、因材施教、促进自主学习的特点。通过个性化教学指导,教学理论可以更好地融入教学实践中,教师通过有针对性地对应指导,学生通过更适合自己个性和思维方式的学习,可以建立良好的沟通,这让学生更具独立思考、创新思维的能力,具备分析与解决实际问题的创业能力。在分析、讨论具体知识问题或培育学生创新创业构想方面,让学生充分理解个性化教育理论可以帮助学生根据其意愿了解当前的创业政策,学习创业知识等;在各类创业实践比赛、科技设计大赛中更注重培养学生的个性化思维,可以提高学生的动手能力;个性化教育形式甚至可以灵活多变,针对每个学生的实际认知和实践短板补课,进行一对一或小团体性质的辅导。由此,个性化教育理论可实现教学与吸收的"双赢"效果。它可以做到注重个体的实践应用、促进个体的创新思维,兼具这两点能够有效培养大学生的创新创业能力。

创新创业能力的培养需要激发学生的兴趣及创新创业动力,而这些是传统教育方式不能有效达成的。有针对性的、尊重个性发展的教育可以引导学生在有创新创业兴趣和构想的情况下,独立思考创业中需要的问题,通过搜集信息、分析问题、整理逻辑、提出方案、撰写报告和实践实施等一系列过程,这些都对学生综合创业实践能力的锻炼和培养起到良好的作用。

3. 创新创业能力培养催促个性化教育理论的发展

在高等教育阶段,高校对学生创新创业能力的培养,有效催促个性化教育实践的拓展,强化了个性化教育理论。在充分了解个性化教育理论的优势之后,学生被提升的创新创业能力反过来会影响个性化教育的水平,使其随之也有所提升。

对高校学生进行创新创业能力培养,可以使其在一定程度上对创新创业的认识从思维认知发展到实际着手调查实践的程度。在这个过程中,大学生要经历思考问题、研究问题,调查收集信息,表达、交流意见等多个角度的探索活动。在这一系列的学习研究中,学生自然会从中定位自己的角色,了解自己的长处和短处,甚至发现自己的兴趣和动力来源,进一步认知自身的特点。创新创业培养即成为了一种激发大学生探究发现、交流合作,为实现自己目标而调动起积极性和主动性的教育过程,它能够使大学生的自我认知更加清晰,发挥了激发大学生个性化认知的积极作用,这必定会有效地反作用于高校的个性化教育理论,并且具有一定的稳定性,催促高校个性化教育理论的长足发展。

4. 创新创业能力培养丰富个性化教育理论内容

创新创业能力是大学生进入社会之后的生存之道和发展之本,而实施个性化教育更有利于学生创新创业能力的培养。在贯彻落实创新创业能力培养的举措下,授业者应该在教学过程中开拓学生的思维想象力,使课堂生动有趣,富有启发性和创造性,从而培养学生思维灵活性和独立性。在这一过程中,每一名学生的思维方式,解决问题的方法均会出现差异化。这就迫使创新创业能力的培养需要结合个体的特性去导向开拓,促进个性化教育理论内容在实践中优化发展并完善。

个性化教育理论尊崇以个性的兴趣、优势为主攻方向,因材施教,让学生长处更长、优势更优,而创新创业能力的培养也是根据学生个体的兴趣,特长所在,使得学生的主观能动性增强,引导学生融会贯通,学以致用。从本质上说,个性发展和创新创业能力形成具有同时性和共生性。在尊重学生个性特点的基础上,探索有利于充分发挥每个学生创造力和创业能力的教学教育方法,使得个性化教育内容更加丰富有效。

二、个性化教育理论视角下大学生创新创业能力培养的路径

培养高校大学生的创新创业能力是一项系统工程。怎样更好地培养大学生创新创业能力是目前中国高校教育需要探索的重点问题,个性化教育是其中不可忽视的出发点和成功培养大学生创新创业能力的主要途径。高等学校应从个性化教育视角出发,立足本地区、本学校甚至本专业的实际,努力探索提高大学生创新

创业能力的有效途径。

（一）遵循人才成长的多样化规律，强化创新创业能力培养

1. 更新教育理念，服务学生个性发展

个性化教育是以人的个性发展为出发点来展开的教育模式。其实，中国的个性化教育自古就有，如儒家的代表人物孔子就曾兴办私学，门人弟子也是各种身份地位的人都有，且智慧和见识也各不相同，基于这种情况，孔子针对不同的人，采取不同的教育方式，打开个性化教育的先河。在当今社会，个性化教育不仅成了时代发展的需要，更是教育自身发展的需要。在这一过程中，人的主体地位得到了极大的重视，个性化诉求也越来越强烈。从这个意义上来讲，现代高等教育的个性化诉求，并不单单是教育内部的原因所导致的，而更多的是社会发展的需要和个人自身发展的需求等多重因素共同作用的结果。同时，这与国家所提倡的"以人为本，促进经济社会和人的全面发展"的理念也是相辅相成的。创新人才培养模式，使学生个性得到解放和发展，是当代高校落实"以人为本"的重要举措。

从国外一流大学的发展历程就可以看出，以美国为例，在建国初期，美国的大学教育主要强调培养英国式的"绅士"以及"横向型"的具备多种才能的人才。但是，随着不断细化的社会分工以及工业革命的影响，美国大学开始转变人才培养理念，转而培养各种专业性和实用性的人才。随后由于人才培养中专业性过强，又转入培养全面发展且有教养的社会性人才。20世纪后，随着社会对知识和创新的需求，美国的大学开始把创新性写入人才培养理念中，而这也成为了当下世界各国高校重要的人才培养理念。

需要补充一点的是，家庭因素对当代大学生的创新创业也有着重要的影响作用。如大学生的家庭背景以及大学生自身家庭对其进行创新创业活动的支持度都对大学生的创新创业态度有重要的影响。许多家庭背景比较好的大学生，因为父辈们的努力奋斗积累下了丰富的资本，父母们担心孩子在外创业吃苦受累，所以更希望孩子有一个稳定的工作。在这种情况下，许多学生的创业意识相对较低。反过来，如果家庭鼓励和支持大学生勇于挑战自我、积极创新创业，这样的学生在创业时就会怀有更加积极乐观的态度，敢于去直面创业中的无数艰辛和困难。另外，家庭环境对创业意识的影响还体现在大学生父母们是否有创业经历，如果其父母是个体经营者或企业主，那么他们的孩子的创业意识就相对较高。因此，家庭观念的更新对大学生的个性发展和创新创业意识的增强也有十分重要的作用。

2. 改革传统的指导方式，激发学生创造实践的主观能动性

在指导方式上，要改变传统被动的指导学生的方式，调动学生主动参与进来。传统的高等教育，学生在课堂上更多的是听老师在灌输知识，学生更多的是在接受知识而不是掌握知识，他们不会去自觉思考和学习，最终导致学生根本离不开老师的指导而自己去解决问题。因此，当大学毕业后，离开了老师就会感觉自己什么也没有学会，什么也做不了，学生就业也会显得十分困难。因此，在高校课堂上，老师应该改灌输式的直接教育为引导式的间接教育，这样学生就有更多的时间去主动学习和思考，有助于学生个性和创新性的培养。

可见，只有当高等教育真正把学生当作主体，充分释放学生的个性之后，学生的创造性就会被无限的激发出来。我们知道，人的一生，最关键的时期正是学生阶段，而中小学义务教育更多的是学习实用性的知识和技能，因此学生在进入大学之后，才真正开始释放自己的个性，进而发挥自己的创新能力。而教育实践也证明了这一点，即一名学生的个性如果得到了充分发挥，那么他的创新能力随之也会得到很好的发挥。同理，一个学生的创新能力如果得到了很好的发挥，那么这个学生的创新创业能力就越强。

总之，在高等教育中，学生理应成为教育的主体。只有这样，才能重视到每个学生的个性差异，进而使学生的个性才能得到充分发挥，最终成长为个性独立、极富创造力的人才，从而使学生的创新创业能力得到极大的提高。

(二) 加强大学生创造性思维训练，挖掘创新创业潜力

创造性思维是指思维的一种高级别的综合性活动，是创造者根据自己拥有的知识和经验，找到事物之间的新的关系，进而得出新结论、获得新成果的综合思维过程。虽然创造性思维具有多种含义，但这里主要强调的是普遍意义上的高校创造教育及在课程教育下的创造性思维培养，其目标主要是培养高校学生的创造意识，从而开发其创新潜力，进而使得其成为创新型人才。其创造教育的内容主要包括对创造思维自身的知识进行学习以及对学习创造性思维实践能力的培养，并且从内容上来讲，二者是一个协调统一的整体。

对于大学生创造性思维的培养，国内外大学都在积极探索相关的途径，如SRT计划便是其中一种。SRT计划是高校为了加强培养学生创新意识和创新能力，从而使得本科生能尽早接受科研训练，以及了解工业现状和社会实际情况，从而激发其创造性思维。

SRT计划能使学生在导师指导下以我为主，开展一些初步探索性研究工作，

使学生早日进入专业领域,受到科研工作的训练。这种带有独立性的工作方式对培养学生的创造性大有益处。当然,SRT 计划只能是一种尝试,高校要对学生进行创造性教育,培养学生的创造性思维,这不是一件一蹴而就的事情,而是一项具有系统性和长期性的事情。

1. 完善高校创造性教育课程体系

目前,我国高校大多存在着创造性教育成效不佳的情况,从整体来看,都存在着管理欠规范、创造教育思想因循守旧的问题,从而极大地阻碍了学生创造性思维的发展。面对这种情况,高校在创造性教育上要明确创造性教育的人才培养目标,更新创造性教育人才的培养理念,不仅把创造性教育的目标定位于学生科学文化知识的学习和创新就业能力的提高,更应该培养德才兼备的适应社会主义现代化建设的新型人才。

基于以上的原因,我们的高校已经在逐步开设创造学的课程,进而提高学生的创造性思维。另外,创造性人才的培养不仅要结合国内的社会经济发展情况,也要重视对国际上创造性教育的吸收和借鉴。如麻省理工学院 1948 年就开设了"创造性开发"相关的课程,随后国外其他大学纷纷效仿,截至 1979 年,美国几乎所有高校都有相关的创造性课程,随后经过不断的发展和创新,对于现在我国的创造性教育发展有重要的借鉴意义。

2. 搭建创新创业实训平台

学生要树立理论和实践相结合的学习理念。这是因为对于高校学生来说,其创造性思维是由理论思维和实践能力两方面相结合培养出来的,但是实际情况却显然不是这样,部分高校在对学生的培养中理论和实际严重的脱节,这就导致大多数学生在具体的实践中早已将自己所学的创造性思维抛到一边。另外,即使是课堂上的理论学习,也因为教学时长的关系,不能做到十分完备。面对这种情况,高校学生在面对所开设的学习科目的时候都应该积极主动地用创造性的思维去进行再思考,进而得出新的解决问题的方法。对于理工科的学生来说,要珍惜和充分利用自己的试验机会,在实验中积极运用创造性思维去思考和解决问题,从而在实验中激发自身的创造潜力。对于文科生来说,要做到熟练掌握自己专业的知识和技能,并在此基础上进行多学科的交叉学习,进而培养自身的创造性思维能力。另外虽然学生身处学校,但是还是有一定的机会和社会接触,因此在与社会接触的过程中也要充分运用创造性思维去分析和解决问题。

对于高校来说,就要搭建好理论和实践相结合的创新创业平台,从而确保大学生有更多的机会在社会、行业和市场中去操盘练手。如创办大学生创业园,给有志于创新创业的大学生提供充分的实践创业机会。大学生创业园对于大学生来说具有非凡的意义:首先,它作为大学生创业的孵化基地,为大学生创新创业能力提供了一个十分重要的实践平台;其次,它是大学生创业教育的课堂、创业实践的大本营,是检验创新创业教育效果的最佳舞台。因此,高校和政府社会机构应该积极地致力于学生创业园的建造,并通过大学生创业园的信息反馈,与社会金融服务机构、创业培训机构、创业资质评定机构、创业者校友联合会等机构进行联系沟通、协作,共建高校、社会、政府等方面良性互动链的创业服务性的科学化系统,提升创新创业的认可度和支持度,形成和谐、有力的社会支撑服务体系和评价体系。另外,高校也可以建设互联网中"中小项目交易平台",可以使企业需求与大学生的创业项目良好的相互对接,实现互惠互利,这样就可以充分发挥网络优势,把校外科技研发和创业合作有效结合起来,通过创业服务基地,注册的企业进行资质审核及认证,鼓励和支持有创造科技特长和创业意向的大学生组成团队去承接企业需求的中小项目研发和营销等市场经济活动。

总之,高校学生要抓住机会积极主动地培养自身的创造性思维能力,提高其自身的创新创业能力,进而适应未来的社会发展需求,在激烈的社会竞争中占据一席之地。

(三) 实施分层次分阶段培养,提高大学生创新创业能力

学生素质的差异,主要是由高等教育自身的改变造成的。高等教育的规模不断扩大,但高等教育生源的质量却在不断下降,其所招收的学生的知识层次和学习能力都有较大的不同,从而导致高校学生本身的素质存在明显的差异;对于学生自身的学习特点,则是因为处于不同的发展阶段的学习,其本身对于教育的方式有着不同的要求。如初次进入大学校园的学生,因为自身对于自我的定位和对于未来的就业没有一个清晰的认识,进入大学二年级,学生已经适应了大学的生活,对于自身和未来都开始有比较清晰的认识,这样针对不同阶段学生的不同情况进行相应的培养,才能更有效地提高大学生的创新创业能力。

1. 针对学生素质差异,实施分层培养

对学生进行分层培养,我们自古就有这样的先例。如中国原始儒家的创始人孔子就曾提出并在实践中力行。同样的问题,不同的弟子来提问,孔子会做出不同的回答,如颜回问孔子"仁"是什么,孔子回答"克己复礼为仁",朱熹对孔子的这一行为做了这样的评论:"乃传授心法切要之言。非至明不能察其机,非

应用型高校创业教育体系构建研究

至健不能致其决,故惟颜子得闻之",足见孔子对于颜回的赏识,而子贡来问"仁",孔子却说:"己欲立而立人,己欲达而达人。"这就不是在谈论"仁",而是怎样从自身去做的问题。而这些,都是孔子根据其弟子的不同特点做出的最恰当的回答。这种做法,运用在教育实践中,被称为"因材施教"。

回到高等教育本身,对于学生素质的差异,可以采用分层培养的方式,这样既能很好地落实教学计划,又能满足不同素质学生的发展要求,更是对个性化教育的实践。美国当代著名的教育家本杰明·布鲁姆曾讲道:"学生在学习中无法取得优异成绩,主要原因不是学生能力欠缺,而是由于未得到适当的教学条件和合理的教学帮助造成的。"这也是对于分层培养的一个很好的解释。假如在面对学生素质差异很大的情况下,高等教育依旧采取"一刀切"的方法去教学,那么学生之间的差异会更加巨大,久而久之,跟不上教学进度的学生就会对学习失去兴趣,进而一蹶不振,对于未来的就业造成很大的心理负担。而只有采取分层培养,才能有效地避免这种情况。这一点,在西藏民族大学的教学实践中,就得到了很好的落实。因为西藏民族大学的生源有区外生源和藏区生源两种,二者素质差异较大,针对这种情况,学校对区内和区外的生源采取了两套培养方案,既有学术理论型的,也有实际应用型的,这样将区外学生定位为学术理论型,将地区内的学生定位为实际应用型,很好地结合了西藏当地经济社会发展的需要,极大地满足了藏区对人才的要求标准。而对于区外生源,因为其毕业后主要回归区外,因此在培养的过程中采取和区外院校同步的标志,从而使得区外的生源在毕业之后具有很强的就业优势。这样一来,就使学生教育很好地做到了分层学习,分级就业。

2. 针对学生成长特点,实施分阶段培养

对于学生成长特点,在个性化教育的前提下,可以在不同的阶段对学生进行分阶段的创新创业培养,如对于刚进入大学的新生,因为还没有适应大学生活,对于自身的发展目标和就业方向都没有明确的认识,这一时期的对学生的创新创业教育应该以引导为主,引导学生进行创新性思维的学习和树立明确的创业方向,进而根据自己的实际情况制定自己的大学学习规划。到了大二、大三之后,因为学生自身已经适应了大学的学习和生活,对自身的兴趣爱好、专业技能学习情况以及将来的就业方向都有了较为清晰的认识,因此在这一时期应该对学生进行全面且深入的创新创业教育,增强学生的创新创业能力。到了大四的时候,这一时期的学生对于自身的学习程度已经有了一个全面的把握,而自身的创新创业能力也有了一定的提高，到了这个阶段，就应该多鼓励学生去参与更多的社会实践，一方面用于实践自身的创新创业能力，另一方面也为自己今后就业积累一定的社会经验。

从学生角度来讲，大一阶段是其起步阶段，在这一阶段学生就要开始接触职业规划的概念，进行初步的职业生涯规划；到了大二，是其创新创业能力孵化的重要阶段，在这一阶段，大学生们要正确认识自己的需要和兴趣，确定自己的价值观、动机和抱负；进入大三，就要不断学会推广自己。其间可以参加与专业有关的暑期短期工作，学习写简历、求职信等求职技巧，了解搜集就业信息的渠道，并积极向已经毕业的校友了解往年求职情况，如果有相应的就业机会要去积极尝试；到了大四，经过三年的充分积累，已经到了要进入社会占领市场的阶段，这时候就要积极利用学校提供的各种有利信息，了解用人公司的相关情况，同时强化自身的求职技巧，为入职做好最充分的准备。

（四）深化个性化教育理念，增强高校创新创业氛围

1. 创设个性化的教育教学环境

高校创设个性化的教育教学环境，要从以下几点做起：

（1）要创新教育教学管理模式，进一步服务于学生的个性发展。创新教育教学环境，就是要转变以往的以"教"和"传授"为中心的教学管理模式，改为以学生的个性成长和创新创业的培养为中心，进而全面提高学生的创新创业能力。

（2）要完善科研制度。科研是培养学生个性，提高学生创新创业能力的重要途径。首先要优化学生的课程设置，积极吸纳学生参与老师的课题研究。另外，在课堂教学的环节中，也要加大研究性的教学和互动式的培养方式，开拓学生的思路，锻炼学生解决问题的能力。更为重要的一点是，学校本身要大力支持学生参与相关的科研项目，并给予一定的专业指导和经费支持，这样一来，学生的自我创新能力就会得到一个大的提升，有利于今后的就业创业。

（3）要推广和完善访学制度。访学是学生更深入和亲密接触前沿学术、开拓自我的学术视野，以及增强跨学科和跨文化交流和理解的重要途径，因此对学生的创新创业能力培养有重要的作用。当然，访学也要根据各自高校的具体情况，从自身的实际出发，建立适合各自发展的路径，与更多的国内外高校进行更多的交流和合作，从而为学生提供更多的在国内外高校间相互交流的机会。同时，访学更要在访学项目上下大功夫，提高项目本身的学术价值和创新性，这样

才能使出访的学生有真正的机会去接触高水平的科研项目,并亲自参与到项目的进程中,最终使自己的科研能力得到根本性的提高。

(4)要改革教学评价方式。教学评价对于衡量高校教师的教学水平以及学生的学习水平有重要的作用。如果教学评价让教师和学生接受和认可,那么不但有利于教师进一步开展自己的教学方案,对于引导学生的个性发展也有重要作用,但是如果教学评价不当,那么对于教师教学和学生学习来说都是一个严重阻碍。要对目前的教学评价进行改革,首先要改结果评价为综合评价,把评价的着重点放在对教学质量的矫正和调控上,这样才能起到提高教师的教学水平和真正培养学生的目的。其次要在评价的依据上更多地考虑学生的创新思维能力和自我实践能力,而不能一味地只考察最终的分数。再次要尝试新的学生评价和考核方式,如在坚持传统的学生评价和考核方式的同时,用学生的创新成果或创新创业项目来代替学生的毕业设计或毕业论文,这样更能激发学生的创造性思维,促使其更加积极主动地去进行创新创业。

2. 建立创新创业激励机制

从心理学上来讲,激励对一个人的潜力发挥有着重要的作用。正面地激励一个学生,不仅能使学生发现自己的潜在能力,更能激励其有更加坚定的信心走上创新创业的道路。

要实行高校创新创业的激励体制,首先,高校要积极鼓励学生学习动手实践。就现阶段的高校学生而言,在学校的学习还是以理论学习为主,缺乏充足的实践机会。我们知道,创新创业的兴趣,更多的是在实践中慢慢产生出来的。因此,高校应该给予学生更多的实践机会,如让学生可以有机会参与到学校的日常事务中,甚至是管理中去,以此来加强学生的实践能力,激发其对工作的热情。总的来说,学生对于自己学校给予的工作锻炼机会还是非常有参与的积极性的,十分愿意为自己的学校和自己的同学贡献一份自己的力量。在这一情况下,学校就要有针对性地安排学生参与到学校的日常事务和管理中,充分考虑到参与学生的个人兴趣和特长,坚持自愿选择的原则,以便激发他们的积极性。同时,也要考虑到给予学生所安排的工作,既要和参与学生本身的能力相适应,又要有一定的挑战性,这样才能起到很好的锻炼作用。

其次,还可以把一些学校相对重要职务的选择条件和学生的创新创业成果结合起来,这就更加促进了学生参与创新创业的积极性。在参与中,学生受到了同学和老师的赞赏,也满足了实现自我价值的需要。选拔本身对学生来说也是一种认可，这样既可以在精神上给予学生一定的激励，又能激发学生自身的责任感以及增强学生自我实践的能力。学校要积极促成学生的校内创业与社会的真正接触，发挥自身的桥梁作用，引领学生的创业项目走出校门和社会上的企业进行合作。而对于没有进行自我创业的学生，学校也要积极引导学生利用课余时间和假期时间，参与到社会的实践中去。在实践中所取得的成绩，学校应该给予一定的表彰。通过这一系列的活动，学生对于自我创新创业的能力有了更加深入的认识，进而明确了接下来自己在学习中要努力的方向，也为自己将来的就业增添了许多竞争优势，有利于将来更轻松地找到适合自己的就业机会。

最后，高校要设立创新创业奖学金，专门用于学生自我的创新创业以及校企合作就业实践。作为大学生，还没有稳定的经济来源，仅有创新创业的想法是不足以完成自己的创业实践的。但如果高校在学生的创新创业过程中予以资金上的扶持，这对于他们来说，不亚于一剂兴奋剂，足以激发起学生的创业梦想。在这方面，国外大学就做得非常好，他们设有各种类型的奖学金，学生可以根据实际情况去申请适合自己的奖学金，并且在数量上没有限制条件，只要符合要求就可以申请。因此，国内高校也可以设立相应的创新创业奖学金以及微小企业奖学金等，鼓励学生发挥自己的创新创业特长。

3. 打造专业的创新创业导师队伍

要培养创新型的人才，对于高校来说，拥有一支创新教育团队是十分重要的环节，这就需要高校必须建立一支多学科综合的教师队伍。创新教育是一个系统性的教育，它需要多学科多层次的综合教育，需要在教学过程中纳入各类社会科学知识。显然，单一的学科已经无法满足创新创业的教育要求，这就要求综合多学科的教师，以及从社会中聘请相应的企业家和创业先进分子等，组成一个综合的教育团队，来对学生进行更好更全面的创新创业教育和相应的实践指导。对于这个教育团队来说，他们需要既相互分工又相互合作，以便最终完成教学任务。同时高校对于自己的创新教育队伍要加大培训力度，并创造条件让教师们去亲自体验创新创业的过程，进一步提高自身的理论水平和实践能力。这一方面，教育部本身也在下大力气来抓提高，如教育部每年都会在各个高校抽调骨干教师参与"创业教育骨干教师培训班"，在培训中有相关的创业教育领域的专家学者来讲授国内外高校的创新创业教育的相关经验，让各所高校的创新创业教师更加全面深刻地认识国内外先进的创业教育方法，以便提高自身的教育培训能力。对于外聘的社会各界企业家和创业先进分子，他们将从各种熟悉的领域对学生进行专业且深入的创业实践指导。此外还可以邀请政府部门的创业政策相关负责人为学生讲解国家的相关创业政策，引导学生进行创业实践。

4. 深化校园创新创业文化建设

校园文化建设是培养创新型人才和大学生创业教育重要而有效的途径，校园文化对于学生的个性发展和创新创业教育都有着重要的促进作用。

（1）校园文化有利于学生的个性发展以及和谐发展，为学生的创新创业打下了良好的基础。发挥校园文化的作用，主要从以下几个方面做起：首先，要重视校园的环境文化。因为只有做到个性化的校园建设，才能充分发挥环境资源本身的教育价值，从而为学生的个性化成长营造良好的氛围。如对校园人文历史遗迹进行深入的发掘，既可以增强学校的文化内涵，又可以突出学校的个性特色。其次，学校的建设在很大程度上也体现了一个地区的地域性特点，并在对这一地区的历史文化的继承和发展中形成了自身的个性特点，因此有着浓重的地域特色，深入发掘校园的人文历史遗迹，就可以使学生更直观地了解这一地区的地域特色，使得学生更容易融入这一地区，这将有利于今后的创业就业。同时，也要重视校园的文化导向作用，如设立具有创新性的浮雕、石雕等，久而久之对于学生都有着潜移默化的教育作用，能潜在地激发学生的创新意识，使得其更加主动地投入到创新学习中去。再次，要重视校园的网络文化。在现在这个时代，信息高速发展，网络已经成为人们的生活、学习中不可分割的一部分，深入了每个人的生活。对于校园网络生活来说，它是网络与学校生活结合起来而形成的一种新的生活形态和网络形态，是对传统的校园文化生活的进一步丰富和补充。随着网络的发展和快速传播，使得网络本身具有了极强的影响力，网络文化已经成为一种新的文化形态，对人们的精神生活有着重要的影响。最后，宣传学生的创新创业教育先进事迹，激发学生的创新创业教育热情。同时，也可把创新创业教育加入到自媒体中进行宣传，增加宣传路径，进一步强化校园网络文化对创新创业教育的引导功能。

（2）校园文化直接带动学生进行创新创业活动。一方面可以通过举办校园创新创业大赛，进行创新创业项目评比，这样可以直接引导学生参与创新创业活动。同时通过参与创新创业大赛，对于学生的自主创新能力和决策能力等都起到一定的锻炼作用。同时通过创业大赛的比拼，一部分学生还可以获得相应的创业奖金，使得其创新想法进一步变成了创业现实。另一方面还可以通过在校园建立创新创业社团。如提供相应的场所和活动经费，并委派专业的创新创业教师对创业社团的相关活动进行科学的指导，另外高校也可以利于自身的资源优势为创业社团和社会上的优质企业进行牵线搭桥，让高校的创新社团走出去。

大学生创新创业教育离不开校园文化建设这一培养平台，应该紧密结合学校工作实际，坚持科学为本、创新为先，成才为导、实践为基的工作理念，形成与创新创业教育相匹配的校园精神文化、学术文化、行为文化、物质文化。校园应发挥校园创业文化在宣传创业、鼓励创业、引导创业方面的核心作用。同时，大学生创新创业能力的培养需要全校师生的共同努力，营造出独具特色的校园文化。

第三节　全面发展教育理论

一、人的全面发展教育理论

人的全面发展是人类社会演进过程中一个永恒的命题，古今中外关于人的全面发展问题的研究，伴随着马克思主义的诞生，是一个由空想逐渐到科学的转变过程。

溯源而上，早在古希腊时期哲学家亚里士多德就曾主张"和谐教育"。"最大的一端还是按照政体的精神实施公民教育……培养公民的言行，使他们在其中生活的政体，不论是平民政体或是寡头政体，都能因为这类言行的善而收到长治久安的效果。"西方近代教育理论奠基者夸美纽斯在《大教学论》一书中，也提出了泛智教育的理想："希望人人都去学习是存在中的一切最重要的事物的原则、原因与用途……一切必须熟悉的东西，理解一切事物的原因，懂得一切事物的真正有用的运用。"法国启蒙思想家和教育家卢梭是自然主义教育思想的代表，他提出"自然主义"教育，认为教育的目的和本质，就是促进人的自然天性，即自由、理性和善良的全面发展，"自然人为自己而生存，他是数的单位，也是数的全体，他只依赖于自己和按照自己的爱好而生活"。瑞士教育家裴斯泰洛齐倡导教育应以善良意志、理性、自由及人的一切潜在能力的和谐发展为宗旨。这些形成了人的全面发展理论的雏形。

马克思主义的诞生使人的全面发展理论日臻成熟。马克思在《德意志意识形态》中批判资本主义的机器大生产导致了分工，而分工导致了人的片面、畸形发展，同时也批判了资本主义生产关系导致了一部分人的发展，认为只有社会关系的变革才能为人的全面发展提供条件，只有在共产主义社会才能实现人的全面发展，因为共产主义"是以每个人的全面而自由的发展为基本原则的社会形式"。同时，在马克思看来，真正的人的全面发展应该是全体社会成员每一个人的发展，而不是一部分人的发展和另一部分人的不发展，因为"一个人的发展取决于和他直接或间接进行交往的其他一切人的发展"。因而，所谓人的全面发展，就是社会全体人（每一个人）在劳动、社会关系和个体素质等方面的全面、自由而充分的发展，这其中包括了人的精神的全面发展、身心的全面发展以及个体与社会的和谐统一与全面发展。马克思主义在更为广阔的社会背景中具体把握了人的全面发展，对人的全面发展理论做出重要阐释，也为社会和个人的和谐统一、全面发展提出指导性精神，成为人的全面发展理论的基石。

在现今社会中，"人的全面发展"是"全面发展教育"的目的，"全面发展教育"又是实现"人的全面发展"的教育保障和教育内涵。全面发展教育是所有素质教育的总和，既各具特色，又互为统一，包含对教育对象进行各方面的素质培养而使其得到发展。大学生的创业教育也是"全面发展教育"中的重要一环，尤其在全球经济放缓进入新常态的背景下，如何做好大学生创业教育，促进大学生创业，提升大学生创业能力，不仅关系到大学生个人的成长成才，更关系到整个社会的和谐统一、全面发展。在这些方面，人的全面发展理论将给予我们更多的启示。

二、应用型院校创业教育与人的全面发展教育理论

根据马克思人学思想观点，应重视实现人的全面自由发展。实现人的全面发展，即关注人的综合素质全面提升，包括人与自然、与社会和谐统一的素质。全面发展理论主要包括个人能力的充分发展、人的个性全面发展、共产主义道德全面发展等内容。

马克思关于人的本质思想的出发点是实践，实践也是人区别于动物的本质特征。他认为人的本质是在社会实践的基础上不断发展的，实践满足了人的基本物质需求，也激发了人不断追求新理想的兴趣及意志，人的不断发展与完善只有在实践的基础上才能实现。

创业教育重视培养学习者的动手、动脑能力，强调学习者应具备社会行动能力，重视引导学习者在实践中总结生存经验、处事经验，提高学习者的社会适应能力。创业教育的重要环节在于强化社会实践活动，通过引导学习者积极参与社会实践活动，使学习者更好地了解社会需求，进而不断提升自身素质。可以看出，创业教育实现了以能力为导向，在实践中促使学习者的本质不断完善、丰富，进而不断增加人的新质，形成新的"人"。在这样一个循环往复的过程中，人不断向着自由、全面发展。由此可见，创业教育与人的全面发展理论高度契合。

三、人的全面发展与创业精神培养的内在联系

（1）实现人的全面发展是创业精神培养的最终归宿。实现人的全面发展，不但是衡量社会进步与发展的重要标准，也能体现出社会的进步与发展。大学生创业精神的培养，能够激发创业热情，提升创业潜能，促进人的全面发展。所以，人的全面发展是创业精神培养的关键所在，也充分体现了培养创业精神的现实意义。

（2）创业精神的培养是实现人的全面发展的重要环节。培养大学生的创业精神，能够满足大学生自我实现的需要，实现个人发展与社会发展的结合，不断为社会创造价值，实现个人的全面发展。

（3）创业精神的培养与人的全面发展统一于素质教育之中。创业精神的培养，实际上就是倡导大学生进行自由创造、自我实现与自由发展，培养大学生创新创业能力，明确社会责任感，培养强烈的事业感，全面提高个人的综合素养。人的全面发展也是人的综合能力的全面发展，加强大学生创业精神的培养，实际上就是培养德智体全面发展的人，正好与人的全面发展的最终目标相结合。因此，创业精神的培养与人的全面发展在本质上是一致的。

四、全面发展教育理论视阈下的大学生创业教育

随着"大众创业、万众创新"时代的到来，大学生创业教育的改革与发展刻不容缓，高校尤其是农科类高校，为培养出自主创业的精英更应该紧跟时代步伐，以市场需要为导向，积极开展大学生创业教育；同时，我们也要看到，高科技农业在社会经济发展中的作用越来越明显，对科技人才的需求提出了更高的要求，当今的大学生要适应科技发展和现代化建设的需要，不但要掌握全面的科技知识，还要具有较强的创新和实践能力。我们必须结合我国高等教育实际，在新

形势下立足新的理论基点，同时借鉴国内外大学生创业教育的成功经验，树立以人的全面发展理论为基点的大学生创业教育理念。

1. 人的社会关系的全面发展是基础

要更好地实现大学生创业教育的发展，首先要积极建构与社会的和谐关系。只有使学校、学生和社会的联系更加紧密，才能为构建健全的创业教育体系打下坚实的基础，只有构建健全的创业教育体系，才能为进一步进行创业实践提供可能。作为教育主管部门首先应建立健全一套旨在鼓励创新和激励创业的评价机制，以避免各高校因盲目攀比就业率而减少对创业教育应有的支持，并且要大力开展有针对性的创业教育。作为政府和社会，应逐步完善大学生创业的机制体制，并形成良好的环境氛围。作为高校，应摒弃对学生创业的专业偏见，通过设立大学生创业专项扶持基金，尤其是对具有前瞻性、特色性的大学生创业项目的开发和探索要采取学校投入、社会投入等方式，拓宽资金支持的方式和渠道，鼓励和支持学生创业。

2. 人的能力的全面发展是动力

大学生能力的发展是创业教育的重要目标，而推进人的能力发展的关键靠实践。在高等教育中，实践尤为重要，为实现创业教育的成功，加强学生的实践能力刻不容缓。从各国学者的研究和开展的创业教育实践来看，创业教育包含着三层目标：第一层是通过学习了解创业；第二层是通过学习成为具有创业品质、精神和能力的人；第三层是通过学习成为经营业的创业家。围绕这三层目标，各高校应积极开展各类创业竞赛，如"创青春"大学生创业大赛、"互联网＋"大学生创新创业大赛等，在比赛中让大学生积累经验，拓展创业能力，为以后的创业成功奠定基础。除此之外，还需要通过营造大学生创业的校园文化氛围，使校园内的良性创业文化成为激励学生创业的原动力，加深学生对创业的深层次认识，让大学生无时无刻不感受着创业，使培养创业人才的思想深入人心。

3. 人的个性的全面发展是目标

随着高等教育进入大众化阶段，带来的是就业难度加大，竞争更加激烈。面对日益严峻的就业形势，大学生应当跳出毕业即等于就业这一传统就业观念的局限，选择自主创业，在校期间重视对自身创业精神和创业能力的培养，积极参加学校举办的创业校友报告会、模拟创业实践挑战赛等活动，主动融入求实创新、勇于进取、乐于创业的校园创业文化氛围中，敢于在创业中实现自我价值。除此之外，在客观方面，我们也应看到师资队伍始终是提高教育质量的首要因素。高素质的创业教育师资队伍是提高创业教育和质量、培养创业人才的保障。因此，我们要强化师资选拔培训，促使师资配置的专业化、国际化，实现专兼结合与"双师型"创业教育师资队伍形成；通过选派教师到企业锻炼，使教师熟悉创业领域的实践，还可以邀请一些有创业背景的大型企业的负责人定期与教师进行教学座谈与交流，传授经验，拓展视野，从而切实提升创业教育的教学质量，稳步提升大学生的创业比率和成功率。

第三章 应用型高校创新创业人才培养目标

第一节 创业意识

随着我国高等教育的发展和时代的变化,大学生就业的形势越来越严峻,且这种严峻的形势在今后若干年将会持续下去。解决这一问题需要多方面的努力,其中很重要的一个方面就是通过教育强化大学生的创业意识,指导大学生由被动就业转向主动创业。在创业教育的视野下,培养和强化创业意识成为当代大学生思想政治教育的一项新课题。

一、创业意识的内涵和实质

从实质上讲,创业意识是一种新的生存观念和生存方式。《我国大学生创业教育运行机制研究》一书中提到:"创业意识是创业主体的一种期望和执着于创业活动的心理倾向,包括需要、动机、兴趣、思想、信念和世界观等心理成分。创业意识支配着创业者对创业活动的态度和行为,是一种对创业主体起引导作用的自我意识,这种自我意识是客观物质世界在人们头脑中的反映,是经过认识主体的认识建构模式过滤重组之后的映像。一旦个体形成一定的创业意识,就会形成一定的创业动机,并且能够产生一种强大的内在的动力,驱使人们为了实现创业的愿望而奋斗,激励人们克服困难、勇往直前。"

我国的传统教育很少涉及创业意识的引导和培养。大部分毕业生只能依赖学校、家庭和社会的帮助来寻找工作,选择现有的就业岗位的现象极为普遍。通过大量的社会调查可以看出,当今大学生普遍缺少创业意识和内在动力,没有掌握一些常识性的创业知识,创业能力低下。正是基于这样一种现实,创业意识应该成为创业教育的核心内容,大学生应在创业意识的指引下,从固有的模式和思维中解放出来,勇于进行大胆地探索与尝试,通过不同方案的具体比拟,从中找到最佳的创新捷径,为成功创业打下坚实的基础,获得积极适应世界乃至积极挑战命运的本领和勇气。

二、培养大学生的创业意识的必要性

1. 大学生的创业意识和就业能力是学校人才培养的方向

大学生创业尽管有许多的不利因素,但知识经济时代市场经济的发展迫使我们必须创造条件,逐步培养大学生的创业意识与理念,通过创业向社会提供就业机会,促进社会发展。培养和强化大学生的创业意识,为社会培养创业者是社会发展的客观要求。由于知识经济对个人的创造精神、开拓精神的重视,智力已成为个人获取财富的资本;又由于计算机网络等通信手段的发达,知识的产生、传播、转移的成本降低,使创业变得容易实现,这也使大学生创业能够成为现实。所以我们要强化创业意识,培养创业品质,提高创业智能,引导和帮助大学生成为创业者。高校以培养全面的劳动者为己任,在激烈的招生竞争下,毕业生就业率的高低将直接影响学校的规模、质量和发展前景。学生的创业意识和就业能力的高低不仅决定了个人的生存和发展,也决定了高校的生存和发展。

2. 适应知识经济时代需要培养大学生的创业意识

21世纪,意味着一个知识创新和可持续发展的新时代已经到来。要顺应我国知识经济发展的现状与要求,就迫切需要大批掌握现代化科学技术,具有创新能力和市场实现能力的创业型人才,担负起推动21世纪我国经济可持续发展的历史重任。然而,大学生在成长过程中缺乏的恰恰是全方位的能力、素质以及创新、创业精神。传统的学校教育偏向于传授学生知识和技能,缺乏创新能力、适应能力和实践能力的培养。因此,当代教育特别需要改革人才培养模式,加强对大学生创业意识与能力的培养,纠正把知识的生产、传播和运用当作校园内一种纯学术活动的错误倾向,着力培养大学生的市场开拓能力,从而真正做到高度关注社会经济的发展,以推动教育理念的全面创新。

3. 大学生渴望成功要求学校培养大学生的创业意识

成就欲是一种期盼在事业上做出成绩的心理追求，这是一种高层次的人生欲望，它促使人产生一种主宰自己命运的冲动，也驱使人们产生造就人生辉煌的强大的内在动力。其实成就欲存在于每一个人的意识或者潜意识中，只是受环境条件的限制，缺少把这种潜在的欲求转化为现实冲动的触媒，所以说成就欲是一种可以培养和开发的心理素质。从大量的成功的企业家身上不难看出，强烈的成就欲可以说是一切企业家所共有的心理特征。因而我们可以通过创业教育去挖掘大学生身上潜在的、渴望成功的冲动和欲望，帮助他们锁定人生目标，培养他们实现人生价值的心理预期的能力。

4. 创业意识体现了大学生开拓进取的勇气与胆略

自主创业的开创需要开拓进取的勇气与胆略，而自主创业过程中的艰难险阻同样需要开拓进取的勇气与胆略。创业的主体要想赢得市场、赢得先机，不能没有开拓进取的勇气与胆略，不敢越雷池半步，就无法取得创业的成功，因为任何一条创业道路都充满了荆棘和坎坷，吉凶未卜、祸福难测，每前进一步都会有困难和阻力，甚至有牺牲，但是风险孕育着机会，往往风险越大，机遇也就越多。实践证明，敢冒风险就能抓住机遇，安于现状，不敢冒险，只能错失良机，也就不可能成就大业。所以，从某种程度上说，开拓进取的勇气与胆略是创业意识中一种重要的品质。

5. 增强大学生的创业意识是学校的培养方向和大学生实现理想价值的需要

新时期，创业意识是学校培养人才的一个重要内容。学生在校学习期间，要以培养出色的创业意识和就业能力为目标，练就过硬的就业本领，从而为自己找到理想的生存发展环境，进而达到服务社会和实现自我价值的统一。当前，要从根本上解决整个社会就业形势比较严峻的问题，以创业促进就业是一个很重要的分流选择。

三、大学生创业意识的主要教育内容

1. 培养风险意识

培养风险意识是培养创业意识的关键。创业不可能一帆风顺，要让大学生清楚地认识到市场是无情的，它并非每一次都会青睐大学生创业者，所以要注重培养大学生的风险意识，使他们能够承受住创业过程中的风险和失败。现实中，很多大学生创业者只看到他人成功的表象，不顾时间、地点的差异，盲目照搬、照

抄别人的经验，致使自己的优势没有得到充分发挥。对可能出现和遇到的风险准备不足是当前大学生群体创业中存在的一个普遍现象。这种风险意识的缺位，在心理准备、决策与执行、经营与管理等方面尤为突出，可以说是创业者没有正确的风险经营意识的典型表现。正确的做法是既要从害怕风险、不敢迈步之中解放出来，敢于在市场经济的大潮中劈风斩浪；又要在商海的历练和锻造中，善于规避风险，化解风险，使自己在迎战风险的过程中站立起来、成熟起来，成为商海的精英和栋梁。

2. 吃苦耐劳的意识

培养大学生吃苦耐劳的意识是培养大学生创业意识的前提。"宝剑锋从磨砺出，梅花香自苦寒来"，人的成长是如此，自主创业亦然。在物质生活比较丰富的今天，培养大学生吃苦耐劳的精神显得尤为重要。实践证明，只有具备吃苦耐劳的创业精神，大学生在创业实践中才能有更高的成功率，如果生存环境过于安逸，往往影响创业的进取心。事实上，大学生在创业过程中经常会遇到一些棘手的问题，尤其在创业之初，条件往往比较艰苦，只有那些具有艰苦创业意识的人才能奋发有为，努力攻克难关。可见，培养大学生吃苦耐劳的意识，不断地在广大学生中进行艰苦创业精神教育显得十分重要。首先，要培养和强化大学生的创业需要，使成就动机转化为创业动机，使外在的客观需要转化为大学生的内在需要；其次，要培养和强化大学生的创业兴趣，使大学生把创业作为实现人生价值、人生抱负的途径；最后，要培养大学生的创业信心和创业信念，使之有百折不挠、艰苦创业的创业理想。

3. 树立创业观

就业问题在我国是一个长期存在的问题。某项研究报告显示，我国未来人口劳动力数量会持续数年增加，中国人口高峰期是在 2045～2050 年，预计那时总人口数约为 16 亿，此后持平一段时间，到 22 世纪后，我国的人口总量和劳动力总量才会开始缓慢下降。由此可见，我国的就业问题短期内只能缓解，不能根本解决。因此，把就业动机转化为创业动机，使外在的客观事实转化为大学生创业的内在动力，就成为大学生自身就业的有效途径。一方面，要通过有效的宣传教育，使大学生充分了解就业形势，从外部生存压力方面使大学生理解自主创业的重要性。另一方面，要注重培养大学生的创业动机，充分调动大学生创业的内在需要。调查表明，大学生普遍对创业具有高度的热情，这对培养其创业需要是一大支持。

4. 强化创业品质

创业品质包括独创性、自觉性、果断性、适应性、合作性五种因素。教育目标是培养学生五种良好的心理品质：能独立地思考、判断、选择、行动的心理品质；敢于行动、敢于冒险、敢于拼搏，并勇于承担行为后果的心理品质；坚持不懈、不屈不挠、顽强努力的心理品质；善于进行自我调节、适应性强的心理品质；善于交往、合作共事的心理品质。引导大学生树立创业思想只是奠定了大学生未来创业的认识基础，要实现创业还必须帮助大学生培养和强化创业品质。因为创业需要具备一系列心理条件，即创业的心理品质或心理素质。不言而喻，创业很少能一帆风顺，往往要面对许多的实际困难和挫折，如果没有良好的心理品质，是不可能实现创业理想的。独创性是创业者的首要品质，是指善于独立思考，善于在平凡事物中独立发现新问题并创造性地独立解决新问题。自觉性是指对创业的目的和意义有充分的认识，既不盲从也不独断专行，能随时控制自己的行为，使之符合正确的目的。果断性是指创业者能根据不断变化的实际情况，适时、果断地采取措施的心理品质。果断性以自觉性为前提，是指创业者在遇到特殊情况时必须善于分析问题，辨明真伪，当机立断，敢作敢当；否则，犹豫不决，顾虑重重，只会失败。在创业过程中，要做到百折不挠，坚贞不渝，不达目的决不罢休。适应性指创业者能适应社会生活，善于在现实环境中求生存、求发展。合作性指创业者必须善于和人共事，形成合力。针对我国大学生的特点，应该特别重视大学生独创性、坚韧性、适应性和合作性等心理品质的培养和塑造。

5. 提高创业智能

要使创业思想成功地转化为创业实践，必须有由相应的创业知识和创业能力组成的创业智能。创业智能具体包括专业知识和能力、经营管理知识和能力及综合性知识和能力。其中，专业知识和能力主要靠专业学习来完成，因此，创业教育工作要引导学生主动学习和提高各方面的知识和能力，包括经营管理及综合性的知识和能力，为创业做好知识与能力准备。在学习创业知识的过程中，重点要引导学生建立合理、有序的知识结构，而不是机械地吸收大量的、系统的、全面的知识，因为创业者需要的是精准的知识，而不是大而全的理论体系。同时，还应该引导学生掌握有效的学习方法，树立主动学习和终身学习的观念，使之扩大知识视野，在培养创业能力的过程中，重点培养学生善于发现实际问题并善于灵活运用各类知识独立解决问题的能力。

第二节 创业意志品质

创业是解决大学生就业难问题的重要途径之一。"大众创业、万众创新"是党和政府缓解部分大学生就业难、促进经济健康发展、实现社会稳定和谐的应有之义,也是化解我国高等教育人才培养结构性矛盾和实施高校创新创业型人才培养的重要举措。以创业带动就业离不开创业意志的培养,创业意志是创业者创业的恒心、毅力、耐心与热心的主要动力和重要源泉,也是大学生就业困难群体有效创业的核心品质。

一、大学生创业意志的基本现状

大学生是中国特色社会主义现代化建设的未来建设者和接班人,肩负着继往开来建设中国特色社会主义、勇于创新和努力实现中华民族伟大复兴、为世界和平发展与人类社会进步事业做贡献的三大重要历史使命。目前,我国大学生的行动自觉性与独立意识得到了广泛的提高和增强,却普遍存在着缺乏实践经验和社会经验、自制力发展水平较低、意志品质的发展呈现出不平衡与不稳定性等显著特征,在意志品质上还存在着心理承受能力较弱、生活依赖感较强,吃苦耐劳精神、远大抱负与学习动力不足等突出问题。在创业意志上,我国大学生较多地表现出性格浮躁、性情急躁,自制力较差,没有恒心、毅力和耐心,待人处世尤为急功近利、患得患失,遭遇挫折与失败时易轻言放弃、丧失自信,甚至还缺失了励志图强、诚恳踏实等传统美德,在校生坚持到创业成功的仅有2%左右。大学生就业困难群体在创业意志方面存在的问题更加严重。

二、大学生创业意志培养的可行性

1. 就业挫折为培养创业意志凝聚了更强的创业动机

大学生自主创业的动力主要源于自身的人生经历,创业意志主要产生于个人的生活体验。在遭遇就业挫折洗礼后,大学生因受到家庭、社会和周围人群的压力或疑虑而希望出人头地的愿望比以往任何时候都要强烈,更愿意选择自主性较强的创业这种就业形式来证明自身存在的价值。此时,大学生群体的创业动机、创业愿望和创业热情比以往任何时候都强烈，取得相同教育效果而需要投入的创业意志培训会明显减少。

2. 新的创业环境为创业意志培养提供了更强的实践体验

自2015年我国国务院正式提出"大众创业、万众创新"以来，创新创业已经成为引领我国经济走向新常态的重要力量。创新创业注入传统产业，有利于焕发出新的生机，形成新的竞争优势，有利于充分体现创业者自身价值和更高的精神追求。在当前迅速兴起的创新创业热潮下，我国越来越多的传统行业需要淘汰落后产能和转型升级，更为大学生就业困难群体参与创新创业活动和锻造创业意志品质提供了更加丰富多彩的实践舞台。

三、大学生创业意志培养的必要性

1. 创业意志是大学生圆梦创业夙愿的重要品质

根据中国人民大学《2018年中国大学生创业报告》，我国近90%的在校大学生具有创业意愿，20%的大学生具有强烈的创业意向。大学生屡遭就业挫折之后更容易转变就业思路，曾经的创业夙愿也会再次出现在脑海之中并希望付诸实践。在圆梦创业夙愿过程中，就业困难大学生必须具备坚忍顽强的创业意志，才能逐渐摆脱创业挫折困扰、自我调节心理健康、恢复创业自信、激发创业热情，锲而不舍坚持创业直至完全成功。

2. 创业意志是大学生弥补性格缺憾的现实需要

大学生因屡次求职受挫而极易陷入悲观抑郁、避世绝俗、攀比嫉妒、焦虑自卑的思维怪圈，明显存在着思想狭隘、优柔寡断、拖沓懒散、怯懦悲观等性格缺陷。高校和地方就业服务部门培养他们的创业意志有利于重塑其正确的世界观、人生观和价值观，增强思考问题的理性化、科学化。创业实践也能激发他们的历史责任感与使命感，更能有效地促进他们心智成熟，不断塑造他们追求创业理想的自觉性、坚毅性、果断性和自制力，实现性格缺陷的自我改造、自我提升和自我超越，为其健康成长和成功创业奠定坚实的思想基础。

四、大学生创业意志培养的有效途径

创业意志是创业者有效创业的必备心理品质，是关系到创业者能否从困难中重新站起来并持续到创业成功的奋斗之魂。良好创业意志并非创业者与生俱来的品质，而是后天教育培养的结果。高校和地方就业服务部门须将塑造意志的独立

性、果断性、坚韧性和自制力作为培养创业意志的有效途径，协同对大学生的创业意志进行系统化、科学化、长期性的培育与锤炼，为就业创业奠定坚实的思想基础。

（一）促进个性化发展，塑造创业意志独立性

创业意志独立性要求创业者在思想上、行动上有自己的见解和主张，面对具体问题能够独立思考、自主判断与独立做出决定。创业意志独立性主要体现在创业自主抉择、自主行为和行为独创三个方面，是大学生走向成熟自立的主要标志。以个性化发展来促进敢为人先、勇往直前、敢于创新等精神品质，始终坚持创业自主抉择、自主行为与行为独创，使大学生创业意志独立性得到根本保障。

1. 落实创业自主抉择

创业自主抉择要求创业主体能够对自己创业行为后果做出理性判断，能够自觉约束自己的各项创业行为，懂得怎样行动才能规避创业风险和有利于自身创业的长远发展。个性化发展对自主创业的积极性、主动性和创新潜能的产生具有激励和促进作用。高校和地方就业服务部门注重就业困难大学生个性化发展，充分尊重他们在选择创业目标和人生道路时坚持自己的见解和主张，坚决维护个体自觉依据自己的兴趣、爱好与特长自主选择创业项目、独立做出各项创业决策的自由。

2. 尊重创业自主行为

创业自主行为要求维护创业主体的创业行动不受他人影响和支配，能以自己的名义独立将各项创业决策贯彻执行到底。高校和地方就业服务部门在帮扶就业困难大学生创业时，要自觉减少对个体创业自主行为的干涉，尊重其创业自主权，鼓励他们通过自己的主观努力，利用自己所掌握的知识和技能，以自筹资金、技术、服务、发明或专利入股、寻求合作等方式参与创业活动，实现自主经营、自负盈亏、自我发展、自我约束和自主追求个人的人生价值与社会价值。

3. 维持创业行为独创

创业行为独创要求创业者能够开拓创新，不因循守旧，步他人后尘。敢为人先是创业行为独创的动力源泉。就业服务人员要尊重大学生的敢为人先精神，鼓励个人接触新鲜事物，不断寻找新的创新创业体验，培养个人的创造性思维能力。高校和地方就业服务部门也应协同创办各种形式的创业孵化基地、创业实践基地、实验基地，允许大学生将自己的创业理念付诸实践，激励他们"摸着石头过河"，不断积累创业经验和人脉资源，帮扶他们逐渐实现开创性的创业工作。

(二) 传授创业理论，打造创业意志果断性

1. 积累创业知识与经验，增强创业决策的决断力

大学生要加强创业理论学习，用创业知识和经验来武装充实自己，开阔创业视野，提高自己分析问题和解决问题的水平，逐渐提高自己决断事情的能力与素质。同时，高校也要加强专业知识、经营管理知识和综合性知识的教学，帮助大学生不断积累创业基础知识，积极为他们搭建实践锻炼平台来聚积创业经验。此外，地方就业服务人员还应帮扶大学生树立创业自信心、强化风险意识、锻炼忍耐力，培养独立思考、独立发现和独立解决问题的能力，从而提高该类创业主体创业决策的决断力。

2. 加强逻辑思维训练，提升创业商机洞察力

逻辑思维是借助思维形式、思维规律和思维方法，对复杂多变的事物进行去粗取精、去伪存真、由此及彼、由表及里的加工制作以反映客观现实的思维过程。加强逻辑思维训练有利于提高大学生的逻辑思维能力，实现有效交际和表达思想、识别与反驳错误和诡辩、探求新的知识和正确认识客观世界，从而提高他们的洞察力，实现正确认识创业市场上的机遇与挑战、能够准确及时地把握创业商机。

3. 克服懒惰涣散思想，提高创业行动的执行力

创业是一种积极的人生选择，更是一种兢兢业业的生活态度，思想懒惰涣散是阻碍创业行动的消极因素。思想懒惰涣散之人，行事拖拉推诿，缺乏工作热情；组织纪律性较差，没有大局意识和大局观念；思维僵化，认识问题孤立、片面、肤浅；不思进取，缺乏创新意识和创造精神。大学生创业必须克服自身的懒惰涣散思想，逐渐培养起乐观进取、热情负责、勤奋好学、勇于创新的人生态度，以自强不息的奋斗精神坚决践行创业行动直至成功。

(三) 激发创业情感，磨炼创业意志坚韧性

创业意志坚韧性指创业者以坚韧的毅力，顽强的精神，百折不挠地把决定贯彻始终的精神品质。坚韧性品质之人往往都具有坚韧性和顽强性的基本特点。磨炼创业意志坚韧性离不开创业情感的激发。创业情感是产生创业理想的重要动力，也是自主创业的力量源泉和精神支柱。大学生对创业的情感越强烈，就越容易以坚韧不拔的毅力、顽强不屈的精神去克服艰难险阻直至实现既定创业目标。

1. 激发创业兴趣

兴趣是人们认识事物或从事某项活动的心理倾向，为一种无形的动力。当个

人对创业活动感兴趣时，就愿意投入时间和精力将创业观念转变成自觉的创业实践，才能克服艰难险阻直至实现创业成功。家庭、学校、企业和政府协同营造良好的创业环境，积极开展创业认知教育和创业基础知识培训、宣传典型创业成功案例、参观考察小微型创业企业、在企业特定岗位轮换与挂职锻炼等多种形式来激发大学生对创业活动的兴趣和激情。

2. 强化责任担当教育

理想是对未来社会和自身发展的向往与追求，是世界观、价值观和人生观在奋斗目标上的集中体现。高校要加强国情教育、爱国主义教育、责任担当意识教育以及就业创业形势教育，提高大学生的民族自豪感、历史使命感和创业欲望。家庭和社会各界更要强化与他们之间的情感互动，使其在美满的家庭或和谐的社会生活中明确自己的社会地位和责任担当意识，以此来激励他们立志改变家庭经济落后现状和逐渐树立创业理想。

3. 随时跟进创业帮扶措施

大学生朝气蓬勃、充满斗志，对自己的未来充满希望和信心，但同时也存在缺乏吃苦精神、办事没有恒心、毅力等突出问题。在创业过程中，大学生在遭遇困难时容易出现情绪低落、自暴自弃，甚至一蹶不振、自杀轻生。就业服务人员应引导他们以积极的心态对待创业挫折，充分利用挫折锤炼意志、锻炼能力；时刻关注就业困难大学生创业进展状况，及时跟进创业帮扶举措和心理援助，鼓励他们始终以热情饱满、乐观自信的人生态度投入到时代创业热潮之中。

（四）加强创业实践锻炼，培养创业意志自制力

创业意志自制力要求创业者能够理性地控制自己的思想感情和行为举止，自觉排除和克制来自欲望、诱惑、懒惰、恐惧等消极暗示对创业活动的干扰。自制力强者都具有组织纪律性强、注意力集中、情绪稳定等特点，遇到任何困难时都能临危不乱、坚定自信、沉着应对，还能够抵制任何诱惑，强制自己做该做的事情或已经做出的决定直至实现预期目标。

1. 参与创业实践活动，坚持不懈磨炼耐性

坚强的意志并非与生俱来，而是在社会实践中经过长期的锻炼获得的。控制自己的行为需要坚强的意志，自制力强者一般都具有其他人所不具备的顽强意志和坚韧品格。大学生就业困难群体参与创业活动，在创业大潮中不断磨炼自己的耐性，历经反复自我控制训练而逐渐形成惯性，进而养成自觉控制自己行为的创业行为习惯，最终获得真正属于自己的创业自制力。

2. 保持积极心态，学会控制自己的情绪

思想决定行动，行动决定结果。在做事之前，大学生创业者必须认真掂量做和不做的不同后果，具备敏锐的洞察力，能够明辨是非，情绪稳定，遇事懂得取舍、分得清轻重缓急。在突发事件和紧急时刻，能够及时宣泄或释放冲动的情绪，避免冲动、抵制诱惑。通过情绪控制，大学生创业者能够在自己的头脑中充满健康乐观、鼓舞人心、催人奋进的积极的思想意识，自觉剔除抑制梦想与激情产生的怀疑、恐惧等消极的思想观念。

3. 养成良好习惯，培养细心稳重品质

习惯是经过重复或练习而形成的固定化了的行为动作，习惯的形成需要一个长期的过程。习惯的好坏关系到个人生活质量的高低，甚至可以作为评价个人品质的标准。拥有良好习惯之人一般都具有做事沉稳、持之以恒、不忘初心、锲而不舍的心性，还具备遇事能够认真思考、不急不躁、沉着应对的态度。大学生细心稳重性格品质的形成依赖于良好生活习惯的养成。就业困难大学生良好习惯的养成，需要从小培养，需要从点点滴滴的日常生活小事或细节做起，需要从培养规律性的作息习惯着手，需要从小树立讲规矩、有纪律的思想意识。

第三节 创业能力

创业教育就是开发和提高学生创业的基本素质和基本能力的教育，使学生具备从事创业实践活动所必需的知识、能力及心理品质。创业教育的提出，促进了高等教育观念的转变，开拓了高等教育理论研究和实践的新视野。我国《高等教育法》和《中共中央国务院关于深化改革全面推进素质教育的决定》中明确指出，高等院校要注重培养学生的创新精神和实践能力，必须加大教育改革的力度，不断加强对大学生的创业意识、创业精神和创业能力的培养。创业是一项综合技能的展示，是高智慧的活动，需要一个人具备很强的驾驭知识的能力，需要将其拥有的自然和人文科学的知识转化为外在的表现形式，转化为实实在在的生产力，而这个过程需要依靠创业者的创业能力。因此，大学生在创业前及创业过程中必须不断提高创业能力。

一、创业能力的内涵和实质

创业能力是创业成功的重要因素,是创业者从事创业活动的本领,包括具有较扎实的基础知识、基本技能,有较宽的知识面、较强的实践能力和一定的实践经验等。创业能力的形成与发展始终与创业实践和社会实践紧密相连。创业是一种风险性的活动,需要创业者具有较高的智商和情商。一个成功的创业者应具备多方面的综合能力,既有优秀人才普遍性的一面,更有其特殊性的一面。创业能力是一种以智力为核心的具有较高综合性的能力,是一种具有突出的创造特性的能力。

二、提高大学生的创业能力的必要性

1. 现阶段的大学生普遍缺乏创业能力

大学生受传统的应试教育影响较大,具体表现为:以背功见长,极会考试。现在很多的高等院校、考试中心的要求也是要多背诵,少理解、发挥,创新就更少。一些高校学生平日无所事事,到期末时临时抱佛脚,拿着讲义和笔记奋斗两三个星期,成绩也能及格。一些大学生老实、守规矩、不愿冒险,因而极易满足,这些人不仅创业意识淡薄,创业精神、个性思维、创业技能更是缺乏。

2. 就业形势严峻需要培养大学生的创业能力

从目前情况看,对大学毕业生实行"自主择业,双向选择"制度后,随着高校的扩招,就业形势越来越严峻,特别是一些冷门专业、专科类毕业生。这固然存在社会偏见等原因,但是现在一些毕业生走上岗位,刚签订就业合同,就因能力太差而被用人单位解聘,这就不能不说是个人的问题了。面对新情况,大学生也可以选择新的行业,由待业者变为工作岗位的创造者,当然,这对大学生的创新能力的要求是极高的。由此可见,在大学教育中培养学生的创业能力,是缓和大学生就业形势的必由之路。

三、大学生创业能力的主要教育内容

1. 社会交往能力

创业是一项系统工程,它涉及社会经济活动的方方面面,不是一两个人就可以完成的。创业离不开人与人之间的沟通和协调,尤其是现代社会,整个世界成为一个地球村,快捷的信息渠道把人们联系得十分紧密,要想创业成功,只靠个人的单打独斗已经行不通了。创业者必须具有社会交往能力，勇于并且善于与人合作，学会共同生活，要具有较强的凝聚力和号召力，为了共同的创业目标而努力奋斗。如果孤立单干，不能知人善任，难以与人和睦相处，即使获得了成功，也终究会走向失败，因此，要鼓励学生在交往中成长，不断发展和改善人际关系。要依托学生社团和校园文化活动，为学生的社会交往活动提供互动的平台。

2. 实践操作能力

实践操作能力是把创业理论知识应用于实践活动的能力，通过实践把学科知识加以综合、应用，形成自己比较成熟的思想和理念，并增强创业的本领和能力。它是创业思维能力、社会交往能力等其他创业能力在创业实践过程中的综合体现。对于创业者来说，只有真正掌握了实践操作能力，才能着手创业，把创业的想法变成现实。因此，培养大学生的创业能力，要依托校园文化活动开展创业技能大赛，依托学生社团或实践基地开发项目，模拟创业，在创业的真实情景中培养和提高学生的实践操作能力。

3. 自我认知能力

随着社会分工的不断细化，各行各业对人的能力的要求差异也越来越大，新的职业层出不穷。因此，创业者必须首先了解自身适合干什么，再决定将来的创业目标，要对自己的兴趣、爱好、特长、潜能有一个准确的定位，以便在未来的创业过程中找到真正适合自己的职业，更好地发挥自己的潜能。

4. 心理调适能力

创业需要面对变幻莫测的激烈竞争，正确、迅速地解决问题和矛盾，要求创业者具有强大的心理调适能力并保持积极、沉稳的心态。心理调适能力受个性倾向性等各种因素的影响，是健康心理乃至健康人格的外在表现。创业者应该具备良好的心理调适能力，包括健康的人生观、价值观和崇高的理想、高层次的精神需求、强烈的成就动机、高雅的兴趣爱好以及灵活、果断、敏捷的气质。

5. 市场运作能力

创业者要具备一定的市场运作能力，包括发现和识别市场需求的能力、整合社会资源的能力、迅速决策的能力以及拓展业务的能力。发现和识别市场需求的能力是创业者进行创业的首要条件，市场机会稍纵即逝，只有具有敏锐的嗅觉才能捕捉到、利用好机会；整合社会资源的能力是对创业者利用外在因素能力的一种要求，只有善于将资源为我所用，才能更好地达到创业的目的；迅速决策的能力以及业务拓展的能力对于创业者来说则更为重要，往往在创业过程中起着"一锤定音"的作用。

6. 专业技术能力

专业技术能力是创业者掌握和运用专业知识进行专业生产的能力。专业技术能力的培养具有很强的实践性。创业者要重视在创业过程中积累专业技术方面的经验，加强职业技能的训练，对于书本上的知识和经验要在加深理解的基础上予以提高、拓宽；对于其他实践经验要在探索过程中详细记录、认真分析，进行总结归纳，并将其上升为理论，形成自己的经验并积累起来。

第四节 创业精神

随着改革开放的不断深入，中国经济的发展势头愈发强劲。面对席卷全球的金融危机，国家出台了一系列保增长、扩内需、调结构、惠民生的政策，同时也深刻认识到创业对就业所起的带动作用，将鼓励创业、强化创业放在了突出的位置。我国全面建设小康社会的伟大创业实践需要有伟大的创业精神来支持和鼓舞。

在世界经济论坛中国企业高峰会议上，一份由埃森哲公司提交的、对 26 个国家和地区的企业就如何鼓励企业的创业精神进行的一项为时三年才得以完成的调研报告指出：20 世纪 80 年代，中国企业最缺什么？结论是创新意识。21 世纪中国企业缺什么？答案是创业精神。该报告还指出："中国有相当的企业和政治领导人已经能够认识到创业精神的重要性，中国 97% 的企业高层管理人员认为创业精神非常重要，88% 的企业高层管理人员认为他们的企业在未来两年里将会变得更富创业精神。"

因此，如何培养和塑造能够适应这种变化并在社会变化中具有创业精神的人才，是当代中国高等教育改革与发展面临的重要课题。高等学校凝聚人心、指导实践，需要对新时期创业精神的时代意义、基本内涵和实践途径进行探讨和研究。

一、创业精神的内涵和实质

创业精神是一个过程，即不管是否拥有资源，某个人或者某个群体都可以通过有组织的努力，以创新的和独特的方式追求机会、创造价值和谋求增长。

创业，无疑是当今时代极具吸引力的一个字眼，因为创业不仅意味着可以过一把老板瘾，还可以施展才能，实现自身价值和人生理想，创造出更丰富的产品、服务，为我们自身和社会创造财富。当今时代是一个全民创业的时代，不管是继承创业、主动创业，还是"被创业"，越来越多的人开办了自己的企业，飞速发展的经济和宽松的经济环境为创业者创造了前所未有的机会。

哈佛大学商学院对创业精神的定义是："创业精神就是一个人不以当前有限的资源为基础而追求商机的精神。"从这个角度上来讲，创业精神代表着一种突破资源限制，通过创新来创造机会、创造资源的行为，而不是简单地体现在创造新企业或创新上。因此，创业精神可以简洁地概括为："没有资源创造资源，没有条件创造条件，用有限资源去创造更大资源。"

关于创业精神，《我国大学生创业教育运行机制研究》中说到其主要包括三个重要的主题。

（1）对机会的追求。创业精神追求环境的趋势和变化，而且往往是尚未被人们注意的趋势和变化。

（2）创新。创业精神包含了变革、革新、转换和引入新方法、新产品、新服务或者是做生意的新方式。

（3）增长。创业者追求增长，他们不满足于停留在小规模或现有的规模上，希望企业能够尽可能地成长，员工能够拼命工作。因为他们在不断寻找新趋势和机会，不断地创新，不断地推出新产品和新的经营方式。

弘扬新时期的创业精神，要把创业精神作为促进全民创业的动力源，通过大力培育、倡导新时期的创业精神，让创业意识深入人心，让创业成为人们的价值取向和自觉行动，成为全社会的风尚。

由于我国的创业教育起步较晚，现实生活中的诸多因素阻碍了创业意识的形成和创业能力的培养，因此每当谈到自主创业，很多人都认为自己不具备创业的条件，似乎目前所有的钱都被之前的人赚光了，而且自己没有资金、没有技术、没有门路、没有必要的经验和知识，害怕承担风险和压力等。总之，他们认为创业对于自己来说是"闻着香，吃着难"，所以根本不敢有创业的想法。

目前，网络、媒体的大力宣传打开了传播创业精神的绿色通道，各种创业培训和咨询机构为创业者提供了多层次、全方位的信息指导和服务，各地大力开展以政府为主导的创业专家志愿团专业指导、创业竞赛等活动，他们向普通的大众

第三章 应用型高校创新创业人才培养目标

传递着一个信息，即"草根"创业不是那么可望而不可即，哪怕从开一家小店、承包一片农田开始。对于一个创业者而言，拥有创业精神是创业成功的首要条件。不管是多大的项目，创业者都不可忽视创业精神的学习，这项学习是使人素质不断提高、不断升华的终身性学习，这次学习可以使创业者具备事业心、进取心、探索精神、冒险精神，具备独立工作的能力，使创业者能通过自己的努力开创一番事业，是让事业走向成功的必要保证。

当前我国的就业形势严峻，但是大学毕业生中的自主创业者寥寥无几，大中专毕业生自主创业的意识和能力十分薄弱。有关资料显示，当前中国大学生的创业成功率平均为2%，这一数字与美国大学生的创业成功率（20%）有整整10倍的差距。为了改善创业者的知识结构和经营能力，形成全民创业热潮，一个重要的举措是把创业教育引入学校课堂，在高校教学中增添创业内容。大学生通过课堂学习能掌握过硬的专业知识，在创业过程中将受益无穷；大学图书馆通常能找到创业指导方面的报刊和图书，广泛阅读能增加对创业市场的认识；大学社团活动能锻炼各种综合能力，这是创业者积累经验必不可少的实践过程。为了适应当前形势，各高校通过与时俱进地更新教育目标、内容和方法，弘扬和培育创业精神、开拓创新精神，又以同样的进取精神引导学生紧跟时代步伐，寻求变革、适应变革，为大学生今后的创业提供精神动力与支持。虽然这些活动还处于起步阶段，但只要持之以恒，大学生必然成为创业大军的重要力量。

二、培养大学生创业精神的必要性

1. 迎接知识经济时代挑战的需要

众所周知，知识经济是建立在知识和信息的生产、分配和使用之上的经济。随着科技的进步和知识经济时代的来临，"智力资本"已成为企业最重要的资源，有知识、受过高等教育的人将成为企业劳动力的主体。在知识经济时代，一方面，就业充满着激烈的竞争，就业人员掌握的知识越多，创新意识和创业能力越强，获取高阶层的理想职业的机会也就越多。在优胜劣汰的机制下，一个知识贫乏，尤其是创业能力低的人，是很难有美好的前途的。另一方面，由于整个社会生产力水平的提高和物质产品的丰富，追求自我价值的实现和获取社会的尊重将成为人们就业的主要动机，人们将趋向于采用一种更加成熟的、独立的自我就业方式，通过开办自己的企业来开创自己的事业以实现人生价值。虽然知识经济在中国只是初见端倪，但高校教育要直接参与经济建设，培养出越来越多的不同行业的创业者已经是现实的任务。这不仅是我国现阶段经济结构调整的需要,也是迎接知识经济时代挑战的需要。

2. 大学生全面成长和就业的需要

在知识经济时代,在以人的思维变革为主导、以人力资源的开发与管理为主的社会中,人们不仅要适应原有的社会生活规律,更需要创造条件,不断完善自我。随着我国改革开放和社会主义市场经济的快速发展,越来越多的大学生渴望创业,实现其自我价值。因此,创业精神和实践能力已成为个体全面成长过程中的必备要素,尤其是在高等教育由"精英教育"向"大众教育"转变的今天,面对大学生就业的严峻形势,对学生进行创业教育,培养学生的创业精神显得尤为重要。因此,在高等教育阶段,必须培养大学生的创新实践能力和创业精神,使其从"择业者"变为"创业者",这无论是对以后以受聘形式就业,还是自主创业,都非常重要。

三、大学生创业精神的主要教育内容

1. 坚定信念

美国成功学奠基人、最伟大的成功励志导师奥里森·马登说过这样一段耐人寻味的话:"如果我们分析一下那些卓越人物的人格品质,就会看到他们有一个共同的特点:他们在开始做事前,总是充分相信自己的能力,排除一切艰难险阻,直到胜利!"所有创业的失败者都是被自己打败的,而不是被竞争对手打败或者因商业环境等条件影响导致失败的,而所有创业的失败都首先因为丧失了创业精神或者说失去了取得成功的信心。企业在发展过程中免不了出现危机和困难,越是危急关头,就越需要我们有更大的热情和勇气。对于成功的企业而言,正如比尔·盖茨所说,面对挑战,微软员工几乎达到了乐此不疲的境界,这就是微软帝国赖以构建的坚实基础。成功的开始不过就是一个想法,一个强烈的渴望成功的想法,它是奋斗拼搏的动力,因为没有破釜沉舟的意识,是不可能激发出自己的潜能的。

那些失败后能够东山再起的创业者,每天支撑自己向前的正是一种持续的精神力量,这种精神力量就是相信自己,相信自己仍能转败为胜,创造出更大的商业传奇。

很多人往往在做某事之前思前顾后,害怕失败,因而总是迈不开步子,不能集中精力去争取成功,而是把精力耗费在避免失败上,因此总是显得步履维艰。

从事任何开创性的工作都是关隘遍布、险阻林立的,没有坚定的必胜信念作为精神支柱是不可能克服一个又一个困难,到达光辉的彼岸的。闻名遐迩的苹果电脑公司,当年两个年轻的创始人创业时靠的是 400 美元贷款,租借一间废旧汽车库,在旧货摊上购买一些元器件,但是他们抱着一定能成功的信念,连续两年每周工作 7 天,每天 15 个小时,克服了许多现在看来似乎无法克服的困难,争分夺秒地研究出新产品,最终才获得成功。

2. 注重价值创造

市场经济承认个人利益,重视物质利益,但是这绝不意味着市场经济等于物欲横流,或者创办企业一定唯利是图。实际上,创业具有"修身、齐家、治国、平天下"的意义,可以规划人生目标,反映人生价值,实现社会责任,体现崇高理想和远大志趣。

创业家们坚信他们的事业对全人类有着重要的意义,他们坚信他们能为消费者、员工,当然也包括他们自己创造价值。我们称他们的工作带有使命感。这就引申出两个问题:我们的战略是什么?我们如何实现它?在这两方面都能表现出众是所有伟大的创业家的共性他们能制定聪明的战略并创造卓越的价值。

谁都无法否认,每个人都有自己的理想,都有自己的生活,其区别只在于,有的人心中只有自己,想到的是个人的名利;有的人心中只有少数与自己有关的人,想到的是小集团的利益;而有的人心中装着的是融入社会的事业,是那些渴望得到帮助的百姓大众。事实证明,个人的理想总是在无私和忘我中升华为人类的共同理想,进而在奋斗中熔铸理想信念的力量,开创出美好的未来。

3. 培养执行力

执行力是贯彻战略意图,完成预定目标的操作能力,是把企业战略、规划转化成为效益、成果的关键。再伟大的目标与构想,再完美的操作方案,如果不能强有力地执行,最终也只能流于形式或成为空谈。创新思路能否付诸实践,获得预想的或更好的效果,靠的就是执行力。

因此,培养学生的执行力至关重要,创业者的生存之道正逐渐从抓住机会和资源,转向以市场为中心。这个时候决定创业者命运的将不再仅仅是创业者抓资源、抓机会的能力,而是创业者的综合运作水平。这需要创业者从基本功开始,扎扎实实地做好企业管理与执行。

第四章 应用型高校创业教育体系构建的内容

第一节 课程体系

课程在创业教育中一直处于核心地位。无论是创业精神还是创业技能,最终都要通过创业教育课程进行培养。各国也在积极探索和发展高校创业教育课程体系,从而培养具有创新精神的创业型人才。

一、高校创业教育课程体系建设的国际经验

发达国家的创业教育开展较早,在创业教育课程方面积累了丰富经验。从理论建构到院校实践,发达国家都发展得较为成熟。

(一)创业教育课程的理论模式

创业教育课程理论研究既是对课程实践的总结和反思,也是建立创业学学科规范的基础。创业教育课程理论主要包括课程内容和教学方法两方面。

1. 课程内容

"创业教育课程应该包括哪些内容"是创业教育解决的首要问题。作为美国两所知名大学创业教育教席的主持人,盖瑞教授根据多年教学和理论研究经验,并结合对美国几十所高校的创业教育课程调研,提出本科生、创业证书项目等不同层次的创业教育课程内容设置和要求。

创业教育起源于商业教育，但是也有别于商业教育。凯文根据两者的区别建立了创业教育课程的内容范式，并对传统商业教育的课程模式进行了归纳，如图4-1所示。

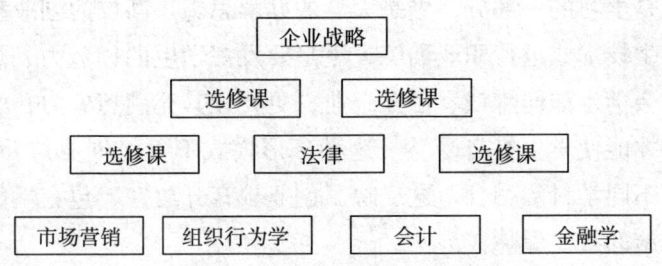

图4-1 传统商业教育的课程模式

这种课程模式未关注不同知识之间的关联，传授的是分散和零星的知识。每一门课程的知识相互独立，没有打破彼此之间的界限，缺乏连续性。而对于创业教育来说，如何利用外部条件有效整合各种资源是最为关键的环节。凯文教授从哲学的高度对创业课程进行创新性构建，并给出了课程设计的环形理念，把创业所涉及的因素列成环状图，如图4-2所示。

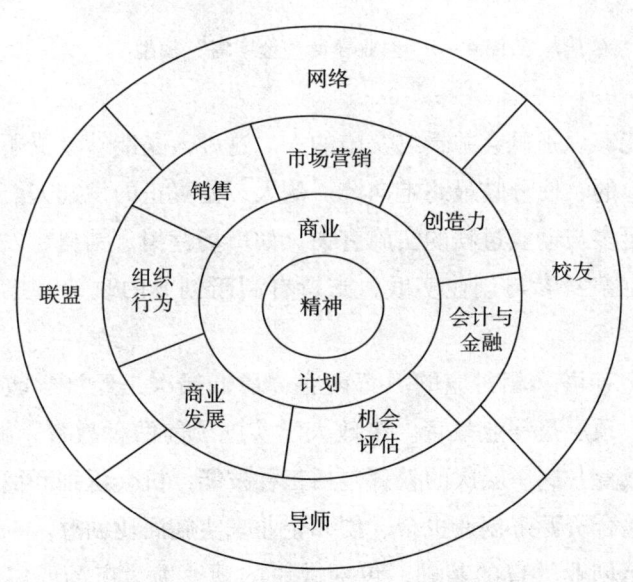

图4-2 创业教育课程设置环形图

第一层是外部因素,使创业教育与外部世界建立联系;第二层是与创业相关的课程,与"金字塔"模型相比,打破了学科界限,实现了学科交叉和融合;第三层是商业计划,开展创业的设计和评估;最中间的核心部分就是附加领域,附加领域不仅是学习的一部分,更是大学的办学思想。高校的创业教育不仅是在商学院教给学生技术或进行职业训练,更是要发挥学生的创造力、想象力。创业教育不仅要教会学生如何赚钱、创办企业,更要让其充满想象力,学到哲学层面的东西,这样才能使学生终身受益。这种环形模式不仅将创业与外界联系起来,同时也实现了不同学科的融合。这反映了创业教育开放性、包容性的特质,是创业教育成功实施的重要保障。

考斯凯从创业教育本身所具备的关键特质入手,对创业教育内容进行分析,给出了实施创业教育的"金字塔"模型,如图4-3所示。

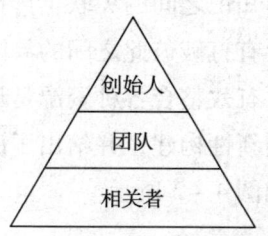

图4-3 创业教育"金字塔"模型

创始人是能够识别机会并最终实施的人。这种人是能够承受不确定性的、坚韧的、承担风险的、使分歧最终走向统一的人,是真正的发起人。团队由创始人招募,其成员更多与创业过程的实施有关,如市场营销、销售、发展、质量监控等。相关者没有亲身参与创业实践,支持有利于创业的政策,并与企业文化相关联。

与这个"金字塔"相对应的教育内容,最低层次是经济学教育,第二层次是管理学教育,顶层是创业教育。多数大学实施了前两种教育,缺少顶层教育,即真正的创业教育。这一层次的教育包括三种技能:机会识别和商业创意、在面临危机时如何整合资源来创造机会、创办企业来实施商业创意。

机会识别是创业教育的基础,包括敏锐的观察力、市场或客户的观察、创意、适应;资源整合是指在正确识别机会后,在有风险的情况下对未来坚定信心,并充满激情地投入精力、时间和资源等去追求成功;实施商业创意是指将创业意向付诸实践,即开创企业,包括人力资源管理、资金筹措、市场营销、销售、质量管理等。

由于创业教育处于发展初期,所以关于课程内容的争论也一直存在。上述三类课程设置理念代表了创业教育课程研究的三种不同视角:企业、学科和人。盖瑞教授是从企业创办和发展的视角设置创业教育课程内容的;凯文从学科差异和教育目的的角度出发,设计环形模式,强调关联和互动;考斯凯则从创业中不同的人所要具备的核心素质出发,去构建创业教育的金字塔模式。这些理念都有其合理性和适切性,都可以为创业教育课程设置提供参照。

2. 教学方法

与课程内容同样重要的还有教学方法,即"怎么教"的问题。在目前的创业课堂中,多样化的教学方法正在被广泛使用,其中既有传统的讲授法、讲座和案例分析法,也有个人展示、视频、小组讨论、角色扮演、实践训练和项目学习等。

创业教育源于商学院,其教学方法也是沿用了商学院的传统模式。但是,由于创业教育自身的独特性,传统商学院的方法受到了批判。与传统教学方法相比,创业教学方法更注重过程,强调学生主导,以问题为中心,以实践能力培养为目标,这些都与创业教育的自身属性密切相关。

盖比提出根据真实的创业情景进行教学方法改革。他通过对创业教育课堂教学和实际创业环境的比较发现,课堂教学更多关注的是过去,大量时间都花在对信息的理解、反馈和分析上。而在实际创业中,创业者关注的是现在,很少有时间关注批判性分析,而是通过实践和过往经验去学习。课堂教学多依据学者权威们的观点,即盖比所说的"专家的逻辑"。而在实际创业中,创业者主要根据自身知识和个人价值进行判断。

因此,创业课堂的教学方法也应根据实际的创业情景进行调整,不应该停留在所谓的"专家逻辑"或"学科思维"上,而是应该根据时间和地点的不同灵活变通。通过实际经验的学习,鼓励学生获得关于问题的更为宽泛的理解。通过失败教训的学习,更少依赖外部信息资源和专家建议,更多依靠自己去思考和解决。

任何一种教学方法的有效性都依赖于目标、受众和内容等多方面因素的共同作用,所以教学方法只有是否具有适宜性的区别。为了使创业教育从技艺走向科学,创业教学方法必须有其合理性依据。根据不同的学习内容对创业教学模式进行分类才能达到预期的教学效果。创业学习过程可以分为三大类：理论学习（成为创业领域的研究者）、实践学习（成为创业者）、创业精神的习得（成为有创业精神的个人）。每一种类型的学习都有不同的教学模式及相关的概念和理论。

在实际创业教学中，要依据学生学习内容的不同对教学模式作出相应调整，才能够收到良好效果。

（二）创业教育课程的实践发展

1. 美国高校创业教育课程

从1947年美国梅斯教授在哈佛大学商学院为工商管理硕士开设第一门MBA课程"小企业管理"开始，创业课程正式进入大学课程体系。1985年，只有253所学院或大学提供关于小企业管理或创业的课程，到1993年，对创业感兴趣的学生可以选择441种不同的创业教育课程。截至目前，美国已经有1800多所大学和学院提供不同类型的创业教育课程。美国的创业教育课程已经从早期的商学院主导模式发展到全校模式，其数量与质量都处于世界领先地位，成为全世界学习的典范。

（1）美国高校创业教育的目标。美国的创业教育目标可以分为两类：一类是培养创业者，认为创业教育的目的是培养更多的创业者，从而推动社会经济发展。另一类是以激发人的创业精神为目标，认为创业教育旨在培养学习者的创新精神和实践能力，以更好地适应工作的需求，适应社会变革。其实这种目标分类源于对创业概念的不同理解：第一种是狭义的创业概念，即创办新企业；第二种是广义的创业概念，即关注人的素质，激发和启迪人的创业精神。

依据这种分类可以总结不同的归类矩阵，每一种结果都是创业教育在个人或企业层面可以达到更为具体的目标。

（2）美国高校创业教育的课程内容。基于丰富的创业教育实践，美国创业教育联盟在2004年发布了《创业教育的国家内容标准》（以下简称《国家标准》）。《国家标准》是一个基于终身学习过程的内容总括，包括从K12教育（从幼儿园到十二年级的教育）到高等教育乃至成人教育的整个过程。《国家标准》是由多方力量参与制定的，其中包括各类企业代表、各级各类学校和社会其他力量等。《国家标准》主要包括三大部分、15类标准及具体的表现性指标。

其中，15类标准是对整体的创业能力的描述。为了更清晰地表达对于具体知识和能力的要求，每一类标准又被分为若干表现性指标，如创业能力部分的创业过程中的第一个小类"发现"包括 8 个具体指标：解释创业发现的必要性、讨论创业发现过程、评价全球趋势和机会、确定新企业创办的计划、评估新企业创办的计划、描述创意产生的方法、产生新创意和确定创意的可行性。

《国家标准》贯穿 K12 教育、高等教育及成人教育，在三大部分内容的设置上保持了一定的连续性和衔接性。例如，早期的创业能力是指一些创业者素养和对创业的基本认识，准备能力阶段以经济、金融和人力资源等为主，最后是商业运营和管理能力，在具体指标上也呈现出了逐步深化和逐级拓展的趋势。《国家标准》只是一个纲领性文件，不是专门为某一阶段课程或某一项目而设计的。学校可以按照自身的特点来制订相应的教学计划并设计课程内容。

作为创业教育最发达的国家，美国的创业教育课程体系非常丰富，而这中间又以百森商学院的创业教育课程体系最具代表性。下面以美国百森商学院的创业教育课程体系为例进行深入分析。

作为一所以创业教育见长的学校，百森商学院在《美国新闻与世界报道》公布的全美最佳大学排行榜中，连续 12 年获得创业领域第一名。自 1919 年成立以来，百森商学院一直追求卓越的创业精神。在百森商学院，创业不仅是一门学科，更是一种生活方式。早在 1967 年，百森商学院就率先开设了创业课程。秉承追求卓越的理念，百森商学院已经形成了完整的创业课程体系，主要包括本科生课程体系与研究生课程体系。

百森商学院的本科生创业课程体系采用的是蒂蒙斯的创业学框架。从对创业者的理解开始，由机会识别、写一份商业计划书、融资到企业发展。这种编排可以帮助学生厘清创业的整个过程和每一个过程中可能遇到的问题，并提供相应的解决方案。

百森商学院的课程由 4 个整合模块和 22 门课程组成。其中，模块一为"组织的创造性管理"，模块二为"商业机会评估"，模块三为"设计和管理传递系统"，模块四为"全球化背景下的企业发展"。每个模块由一系列选修课程组成。

百森商学院的创业选修课程主要分为三大类：①基础级。以全局视角讲授创业基本技能，向所有对创业感兴趣的学生开放。②专业级。针对不同学科的创业活动，提供更深入的创业知识和技能。③支撑级。专门针对创业学习的某一特殊领域，提供极为深入的创业知识和技能。由于创业选修课程的广大覆盖量，有 90% 左右的学生在毕业前能够完成基础级的所有课程，包括撰写完整的创业计划，超过 63% 的学生继续专业级和支撑级的学习。

美国创业教育课程形式非常多样。除了上述学科课程之外，创业计划大赛、创业咨询和创业辅导等都可以提升学生的学习兴趣，满足其多元化需求。美国的创业大赛形式多样，可以为学生的创新、创意提供很好的展示空间。1983年，得州大学奥斯汀分校商学院举办创业计划大赛，开了世界创业计划大赛的先河。1987年，圣地亚哥州立大学举办了全国性的创业计划大赛。目前，美国排名前100的大学中，共有78所大学提供专门的创业计划教育，尤其是在创业管理或者小企业管理领域。

（3）美国高校创业教育的课程实施。美国创业教育课程在实施中形成了独特的模式，主要有商学院主导、创业中心主导和全校式实施。

"商学院主导"是一种传统的课程实施模式，即创业课程是由商学院负责实施，主要对本院学生开放。课程内容呈现出高度系统化和专业化。这种课程实施模式是早期创业教育发展的必然。作为商学院学科中的分支，创业教育在发展初期是在商学院中进行的。这种课程模式能够保证创业知识传授的系统性和高效性，学生毕业后创业率较高。但是在创业教育逐步发展的同时，这种模式的局限性也逐渐凸显，如创业教育受众单一、创业课程内容缺乏独立性和专业性等。

"创业中心主导"是在大学内筹建独立的创业教育中心，整合资源来吸引不同专业背景的学生的参与，力图将创业教育拓展至商学院之外，希望更多的学生接受创业教育。在这种课程模式下，课程内容及设置都有所变化，如会根据学生不同的专业背景设置交叉融合性课程、增加选修课的比例、学生可根据兴趣修习大量课程等。这种模式往往是由统一的创业教育中心负责规划和协调，统一调配资源。这样就有利于整合更多资源，加速创业教育的普及。目前，这种模式在高校中被广泛采用。

"全校式实施"是创业教育发展到一定阶段的必然产物。这种模式旨在创设良好的氛围，为不同专业的学生提供创业课程，鼓励全校师生积极参与其中。它的实施涉及管理体制和权责等方面的改革。在管理体制方面，学校先成立创业教育委员会，负责协调和指导全校范围创业教育的开展；在运行过程中，鼓励不同学院的参与，这些参与学院负责实质性的创业活动，并根据专业特征筹措资金、开发课程等。全校式实施强调不同学院的通力合作，学生可以互选创业课程，从而打破学科界限、实现资源共享。这种模式有利于整合各种资源，鼓励创业教育的交流与合作，从而最大限度地提升学习的有效性。

上述三种课程实施模式是创业教育发展不同阶段的产物。从商学院主导到以创业中心为主来整合资源,再扩展到整个学校层面的实施。现阶段,美国的创业教育课程实施模式以全校式实施为主,这也反映了创业教育的重要性和影响力的不断提升。

2. 英国高校创业教育课程

在英国,随着创业教育的开展,大学开设的创业课程也在逐年增加,并从商学院扩展到其他学院。2003~2004年,在英国大学中,一年级本科生可以选修的创业学分课程大概有92种(不包括和其他课程模块相配套的创业课程),商业课程有4456种,课外相关创业活动多达24种。如在商学院中,创业课程占其课程总数的61%,在工程学院中,这一比例也达到9%,其他如艺术和设计类学院、纯科学类学院与计算机科学类学院中,创业课程也分别占8%、6%和4%。各学院中创业教育课程都占有一定比例。有的学院甚至还计划开设1门以上新创业课程以补充原有创业课程的不足。这些数据都表明:英国的创业课程正在快速发展,并取得了显著成效。

(1)英国高校创业教育的目标。英国创业教育的开展深受政府的教育发展理念与政策影响。21世纪以来,英国政府的执政重点在于兼顾效率与公平,表现在教育上就是提高质量和促进公平。其中在提高质量的举措中就将创新提升到战略高度,将学校教育以及高等学校的创业教育直接纳入国家创新战略。

在英国,高失业率成为政府最为头疼的问题。20世纪80年代到90年代初,英国高等教育经历了大众化发展阶段。2004~2005年,英国大学生人数达到230万,其中,本科生170万、研究生53万。1999~2006年,英国的大学生人数增长了近51万,增长率达到35%。高等教育大众化进程引发了大学毕业生人数攀升与市场所提供的就业岗位有限之间的矛盾。英国2008年的失业率为5.7%,2009年6月的失业率为7.8%,失业人口244万,为1995年以来最高水平。发展高等学校创业教育可以同时达成高等教育发展变革和降低失业率的双重目标。总的来看,英国创业教育的目标包括:培养学生的创业技能,实现以创业带动就业的目的;培养学生与创业相关的商业知识、企业家素养,实现培养创业型人才的目的;培养学生的创业精神,增强学生的社会责任感,实现培养创新型人才的目的。

(2)英国高校创业教育的课程内容。英国各大学的创业教育在课程教学实践中形成了不同的内容结构和方式:一种是创业课程与专业课程的结合;另一种是创业教育课程选修的形式。第一种方式以诺丁汉大学为代表,将创业教育与专业教育有机融合，从而培养专业类创业人才；第二种方式以伦敦商学院为代表，广泛开设创业选修课，从而推动创业教育的全校式发展。下面以两所高校为例，对英国高校创业教育课程内容进行深入分析。

诺丁汉大学的创业教育由校内多种机构共同承担，包括创业教育组织机构、教与学优异中心、创新创业研究中心和工商管理学院等。其中，教与学优异中心承担创业教育和个人职业发展规划的工作；创新创业研究中心和工商管理学院承担的是课程设计、组织与实施等方面的工作。诺丁汉大学的创业教育课程主要有两大方面：一是面向理学硕士研究生的创业课程，其中又分为三种类型：面向理学专业研究生广泛开设的创业选修课、创业理学硕士课程、交叉学科理学硕士创业课程；二是创业工商管理硕士课程。以下就其具体课程内容进行分析。

诺丁汉大学理学专业硕士研究生的创业课程包括两大部分：一部分是创业学方向的理学硕士必修课程；另一部分是与创业内容相关的选修课程。创业课程既包括传统商业课程，也包括将商业与创业相结合的新课程。

创业学硕士研究生核心课程以培养创业学专业人才为目标，课程设计以及课程内容遵循了创业学的基本原理、方法和规律，更有针对性和专业性，对培养学生的创业精神、发展学生的创业技能具有重要作用。

化学与创业教育注重学生实践能力的培养，具有灵活的结构，使学生能够从其涵盖的较为宽泛的课程模块中进行选择。该课程成为当前诺丁汉大学化学科学中较为前沿的课程，同时也成为商业与创业教育领域的最佳实践内容。

创业工商管理硕士课程分为逐级递进的三个部分：基础模块、精深模块和语言模块。前两个层次的内容有很大的相似性，都包含了创业与创造力、社会创业，但是两者也存在很大的差异。基础模块更加注重学生对于创业基本理论的研习、对创业意义的把握、对自身是否具有创业潜质的初步分析与判定。而精深模块侧重学生分析、思考和探究能力的培养，促进学生对于创业实践的体验，对创业项目的设计、参与和实施等。

伦敦商学院的创业教育在全球享有盛誉，卓越的创业文化和敢于打破传统的创新精神是其重要的价值追求。长期以来，伦敦商学院致力于领导型人才的培养，学科领域主要涵盖经济、会计、财经、市场学、管理及营运、组织行为及国际性策略管理等。伦敦商学院创业教育的国际化程度较高，学生来源遍布全球，拥有面向多国的创业教育课程或项目。伦敦商学院依托其全球化的网络体系，为创业教育的发展提供了更为广阔的国际化视野。

长期以来，伦敦商学院聚焦创业教育，并开设大量的创业选修课推动创业教育的发展。2009~2010年，伦敦商学院在创业领域开设了8类创业选修课程。在学科课程外，英国的大学也提供了多样的创业活动供学生选择，如创业论坛或研讨会、商业计划大赛及创业夏令营等。

创业讲座、研讨会形式的活动在英国大学中开展较多。由于其易于组织和长期开展，同时有利于发挥大学优势的特点，在学生中广受好评。创业竞赛活动是英国大学主流的创业活动。2010年，英国大学生创业委员会面向127所高校的一项调查研究显示，有68%的大学开展了商业计划大赛，有59%的大学开展了意向竞赛。创业竞赛以其独特的吸引力成为大学创业活动的重要形式。英国大学采取竞赛形式推广创业活动的方式较为多样，如利物浦大学科学创业中心、纽卡斯尔大学等均设有不同类型的商业计划大赛，同时经费资助、创业课程、研讨会和咨询指导等均成为创业竞赛的支持方式。

（3）英国高校创业教育的课程实施。英国创业委员会和小企业与创业机构2017年针对全英的高校创业课程的调查结果显示：有80%的学校开设了创业课程及相应的课程模块，如图4-4所示。

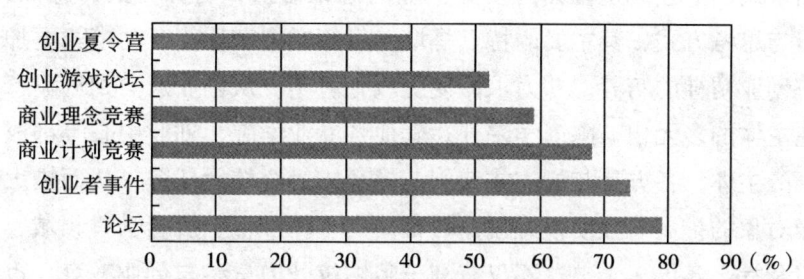

图4-4 2017年全英高校创业教育课程开设情况

图4-4数据显示：为本科生提供创业课程的大学占78%，而为研究生提供创业课程的大学占22%，较2007年20%的比例增长了2个百分点，可见研究生层面的创业课程逐步增多；有63%的课程是面向全日制大学生开设的，有37%的课程是面向非全日制大学生开设的。上述数据也表明，大学正在通过创业课程来普及创业教育，提升其影响力。

在多年的发展中，英国创业教育课程体系形成了多样化的实施模式，可以分为传统模式和互动模式。

传统模式由商学院主导、面向大学所有专业的学生，主要依托创业课程和创业教育项目实现创业教育培养目标。

这一模式主要有以下特点：创业教育课程的目标在于培养基于商业背景的创业者。创业课程通常以商业原则来讲授，力求使学生掌握创业的基本过程和面临的问题，为今后的创业实践提供指导；创业教育的实施主体有明确的规定，主要由商学院实施，包括课程开设、项目设置、创业活动和师资供给等具体问题；培养对象为在校各专业的大学生，力求通过整合各种资源和技术吸引来自全校的、有着不同专业背景的学生参与其中，但是对社会其他成员的吸纳程度不高。创业教育的主要载体是创业课程、创业项目和商业计划。大多数创业教育项目将商业计划的设计作为教学重点，同时将撰写商业计划书作为向学生灌输知识的主要途径。

互动模式是指在商业环境下运行、强调在全球化引发的复杂和不确定的社会背景下，引导大学积极利用社会资源，将创业角色纳入社会系统加以考虑，培养包括大学生在内的诸多社会成员掌握创业特性、学会创业行为和技能的创业教育模式。

互动模式创业教学过程始终贯穿创业的思维方式，行为方式，感知、交流、组织学习与思考方式，其主要的特点是培养目标的丰富性。互动模式更加注重创业态度、创业精神的培养，并力求促使受教育者实现从创业意向到创业行动的转变。实施主体的多元化。除商学院外，其他各专业学院、创业中心等都成为推动创业教育的主体，各方参与的方式使创业教育成为全校性任务，从而扩大其影响力。培养对象的扩展。互动模式创业教育面向全体学生、所有学科领域，甚至是校外组织及社会各界人士，这不仅有利于吸纳校外力量参与创业教育，也提升了创业教育在整个社会中的地位和作用。

3. 印度高校创业教育课程

为了推动大学生创业，促进高校知识成果转化，加强高校与企业间的合作，印度政府启动了一系列措施，如设立创业项目、提供资金保障、建立管理机构、开展教学研究、服务大学生创业等来推动创业教育发展。在创业教育蓬勃发展的同时，印度的创业教育课程也逐渐形成丰富的体系。

（1）以学校为主的创业教育课程。印度创业发展学院属于独立自治的非营利性组织，致力于创业教育、研究及培训。1988年，印度创业发展学院在印度率先开设创业教育课程。其两年全日制企业创业和管理毕业文凭课程为学生提供量化的、分析的、战略的技能，涵盖商业与管理实践，享有一定的国际知名度。其开设创业课程的专业包括新企业创建、家族企业管理、农业创业和服务管理，约75%的学生成功创业。创业发展学院也为社会部门提供非政府组织管理研究生文凭。

印度商学院的瓦德瓦尼创业发展中心为学生提供的创业项目包括：组织商业计划或新创企业大赛；组织启动初创企业工作坊；从评估创业观点、制订业务计划开始指导学生，并支持其初始实施阶段；与风险投资商、技术提供商、企业促进机构、商业银行和其他金融机构建立关系和加强互动；创建来自不同领域的外部导师提供指导的具体项目生态系统。印度商学院支持学生扩大视野，包括开设新兴的培养创业与家族企业领导者课程，使学生在实际应用中受益。瓦德瓦尼创业发展中心为准备创业的学生提供了不同的课程，如创业研究生文凭课程，学制为9个月，面向的对象为本科毕业生；创业管理研究生文凭，传授学生中层管理经验，学制9个月；面向本科毕业生的6个月创业管理研究生文凭课程。此外，还有国际贸易物流证书课程，工商管理学硕士课程，行政管理研究生项目、国际贸易行政硕士、中小企业管理硕士文凭、管理研究计划（博士）等专业学历、学位课程等。

（2）与企业家互动的"创业课堂"。"企业家大使"的形象成为学校培养创业精神的榜样与楷模。印度创业发展学院的企业家互动是指定期邀请来自不同行业的杰出企业家，与学生分享创业经验。印度著名的创业家讲述他们的创业之旅，分享创业过程中的酸甜苦辣，启发学生如何开始适合自己的创业之路。同时，印度创业发展学院鼓励学生参与由各创业发展中心和其他机构在艾哈迈达巴德举办的活动和研讨会，便于学生最大限度地了解目前的经济情况和国家、国际的发展态势。另外，为了帮助学生了解实际的工作环境，直接与部门主管进行简单互动，印度创业发展研究所每三个月为学生提供一次引导性的企业参观活动，为学生提供进行企业实地考察与参观的机会，为学生进行后期创业活动提供有利的实践支持。

（3）与地方企业合作的创业见习课程。地方企业合作性创业见习课程具有重要意义。对于将来要从事创业的学习者来说，在风险企业中的实习意义重大。特别是到成长显著的风险企业中见习对培养学生的企业家精神非常重要，对学生将来创业大有裨益。

体验式学习是印度创业发展学院创业教育的实践环节，包括暑期实习和其他具体项目。

暑期实习是在第一年学习结束后，学生完成第一年 8~10 周的工作实习实践。印度创业发展学院设置了实习安置中心，工作重心是推动学生和行业间的互动。一般来说，实习安置中心会参考学生的专业和兴趣，将其安置在较为合适的工作机构。通常，实习安置中心会首先考虑中小型企业。这点与印度政府倾向满足中小型企业人才需要的政策相关，也是印度高校创业教育课程发展历史脉络中不容忽视的部分。

印度高校体验式学习的另外一种表现形式是项目参与体验。在印度创业发展学院，这类项目是指由学院发起的"详细项目投资报告"和"五年远景规划报告"的体验项目。在参与项目的过程中，参与者在进行了周密的市场调研和应用程序二级数据的基础研究后，需要准备"详细项目投资报告"。对于家族企业管理专业的学生来说，需要准备"五年远景规划报告"，涉及家族企业的成长。项目报告评估组由教师、行业专家和银行家组成。学生通过项目结业典礼的形式完成最终报告。值得一提的是，上述两类报告将有可能提交给印度工业发展银行有限公司及印度小型工业发展银行，作为未来企业运营资金及短期贷款的参考报告。这类项目体验式学习更受学生欢迎，尤其是具有强烈创业意愿的学生群体。

二、高校创业教育课程体系建设的国内现状

经过十多年的发展，国内的创业教育课程已经普及到各级各类高等院校。无论是体系建设、内容设置，还是学校的重视程度、学生的参与度等都取得了长足发展。由于地域理念、不同类型高校的传统和现实情况的差异，创业教育课程建设也面临着亟须解决的问题。

（一）创业教育课程体系初步形成

高校高度重视创业教育工作，已经初步形成了创业教育课程体系：课程覆盖面广、学生自主创业率逐年增长；注重大学生创业意识、创业精神和创业能力的培养，形成了多样化的课程体系；积极探索融合性课程，为培养高素质、高技能创业型人才提供新模式。

1. 课程覆盖面广

由于高校对创业教育的高度重视，创业教育课程已经广泛开设。针对北京部分高校的调研结果显示：在对"本校是否开展创业教育"的回答中，70% 的学生选择"有"；在对"以何种形式开展"的回答中，43% 的学生选择"选修的创

业课程",22%的学生选择"必修的创业课程"。据统计,有90%以上的浙江高校开设了不同形式的创业教育课程,其中70%左右的高校是以选修课的形式进行教学。从研究型大学到高职高专类院校,都开设了创业教育课程,尤其是在面向全体学生的公共选修课中加入创业教育模块,使更多学生有机会接受创业教育,培养创业意识。

在创业教育普及发展的背景下,很多学生走上了自主创业之路。据统计,浙江省高校在2016~2018年三年间,接受创业教育和参加创业实践的学生总数分别为17128人、32516人、39489人,其中毕业后从事自主创业实践的学生总数分别为159人、607人、2896人。据麦可思中国大学生就业报告中显示,大学生创业人数稳步增长,自主创业比例从2015年的1.5%、2016年的1.6%到2017年的2.0%。在创业教育日臻成熟的未来,大学生的自主创业比例将会大幅提高。

2. 课程体系多样

目前,国内部分高校已经形成了多样化的创业教育课程体系,大致可以分为三类:第一类是面向全体学生的创业通识课程,以培养学生的创业精神和创业意识为目的;第二类是以创业强化班和精英班为主的创业教育课程,以颁发创业学学位和鼓励学生成为自主创业者为目的;第三类是由国际劳工组织设立的创业教育课程,如"大学生KAB创业基础""创办你的企业课程"等,以普及创业知识和技能为目的。上述课程体系在培养学生的创业意识、创业精神和创业能力等方面都已初见成效。

以浙江大学为例,在教务处正式注册的,列入教学培训计划的课程分博士、硕士和本科三层次七小类。

浙江大学在全校公共选修课体系中引入"大学生KAB创业基础"课程。该课程属于共青团中央、全国青联与国际劳工组织合作的KAB创业教育(中国)项目,以国际劳工组织编写的英文教材为蓝本,其核心内容是国际劳工组织为培养大中学生创业意识和创业能力而专门开发的课程体系。该课程教学内容分为8个模块,依次为:什么是企业、为什么要发扬创业精神、什么样的人能成为创业者、如何成为创业者、如何找到一个好的企业想法、如何组建一家企业、如何经营一家企业、如何准备商业计划书,教学时间为36个学时。

2008年5月,浙江大学党委学工部引入"创办你的企业"项目。该项目面向浙江大学全体全日制学生,学生只需经过面试选拔即可免费接受培训。KAB

是"创办和改善你的企业"系列培训教程的一个重要组成部分,由联合国国际劳工组织开发,是为有意愿开办自己的中小企业的人量身定制的培训项目。KAB的培训课程总共分为两大部分:创业意识培训和创业计划培训。课程内容包括:将学生作为创业者来评价、为自己建立一个好的企业构思、评估他们的市场、企业人员组织、选择一种法律形态、法律环境和他们的责任、预测启动资金、制订利润计划、判断他们的企业能否生存、开办企业。

在课程设置上,浙江大学的创业教育课程可分为创业知识类、创业能力类和实务操作类三大类。

3. 探索创业课程与专业融合

在培养学生的创业精神和创业意识的同时,将创业教育课程与专业课程进行有机融合是创业教育未来的发展趋势,也是创业教育走向更高水平的必然要求。

专业教育中融合创业教育能及时反映本学科专业领域的前沿知识、相关交叉学科专业的前沿信息、相关行业与产业发展的前沿成果。创业课程与专业课程融合可以以创业活动为出发点,强化实践环节、全面深入地掌握专业技能,提供学生所需的与创业活动直接相关的专业技能。

国内高校开始了这方面的积极探索。温州大学依托其创业人才培养创新实验区的优势,在服装设计、法学、汽车工程等专业探索创业教育课程与专业课程的融合。温州大学在推进创业教育的过程中,鼓励专业教师开设专业类创业教育选修课,现已经在经济学、国际经济与贸易、市场营销、财务管理等专业设置了"中小企业创业实务""温州企业家创业案例分析"等专业选修课;在汉语言文学、广告学、艺术设计、服装设计与工程、汽车服务工程、工程管理等专业分别开设"媒介经营与管理""鞋类产品市场营销""服装市场营销""服装企业管理""汽车营销学""汽车服务经营与管理""建筑企业管理"等专业选修课。

针对温州独特的经济环境,温州职业技术学院专门开设"温州经济专题""创造学与创造思维""商品学知识""品牌专卖店管理"等与创业密切相关的课程,并组织编写了《创业指导读本》《温州创业史》《温州人精神读本》等特色创业教材,试图在专业教学中渗透创业知识,使学生具备创业必需的经济学知识、企业管理知识、文史知识、法律知识等,同时培养学生的创业意识。

(二)创业教育课程实施效果欠佳

受到多种因素的影响,高校创业教育课程实施效果不佳,主要表现为课程体系的整合度不高,课程内容编排不够合理,教学方法有效性不足。

第四章　应用型高校创业教育体系构建的内容

1. 课程体系的整合度不高

国内高校中普遍存在创业教育课程体系整合度不高的问题。为了全面落实创业教育的方针政策，各高校开设了多种形式的创业教育课程，但是不同的课程隶属于不同的管理和实施主体，彼此之间缺乏关联和整合，资源呈现条块分离。这些都造成了创业教育的资源利用率较低、重复和浪费现象突出。

高校普遍存在多重管理主体的问题。创业教育强化课程一般是由管理学院和经济学院提供，专业化创业教育课程隶属于不同的专业学院，SYB"创办你的企业"、KAB"了解企业"等课程则由团委和学生处等单位负责，各类创业课程相互独立、分散实施，缺乏联动机制。如在对上海高校的调研中发现，创业教育挂靠学生处和团委的学校各占40%，挂靠产业处和相关专业（或学院）的学校各占10%。这就造成不必要的人力、物力浪费，同时也不利于统一管理和资源整合。导致这一现象的原因有很多，主要是很多高校的创业教育实施是基于行政指令，抱着完成教育部任务的心态来开设创业教育课程，属于"任务主导型"，缺乏内在的发展动力，创业教育没有成为学校的自发性需要。一些重点高校以追求"高精尖"的学术研究为导向，容易忽视创业教育，没有将其纳入人才培养的整体规划中。

2. 课程内容编排不够合理

课程内容作为课程实施的核心，其编排是否合理尤为重要。科学合理的教材是培养高素质创业人才的关键。绝大多数开设创业教育课程的高校都没有规范、权威的教材和教学内容标准：有的教材是对国外教材的翻译或简单移植，缺乏与中国实际的结合；有的教材是将零碎的创业活动实践进行简单整理，理论深度不够，缺乏合理性；也有少量结合当地和学校自身实际情况所开发的校本教材，但是缺乏科学论证，大多是简单的拼凑。这些教材不能很好地展示创业教育的理论深度和实践发展，不具备普遍指导意义。

在对北京市部分高校的调研中，在针对"创业教育有无专用教材"的回答中，38%的学生选择"没有专用教材"，23%的学生选择"有引进教材"，21%的学生选择"有自编讲义"，18%的学生选择"有自编教材"。在对浙江省高职高专类创业教育教材调查中，在教师卷中，当被问及"贵校（院系）有无创业教育专用的教材"时，41.2%的教师选择"引进普通高校教材"，35.2%的教师选择"自编教材或讲义"，23.6%的教师选择"无专用教材"。这些数据表明，目前高校的创业教育教材具有参差不齐、缺乏理论合理性、没有形成针对不同类型高校的统一教材体系的问题。当然，这一现象的存在是由于我国创业教育整体发展还不够成熟，同时也与我国创业教育师资匮乏密切相关。

3. 教学方法有效性不足

作为实施创业教育的手段，教学方法也非常重要。而在实施创业教育的高校中，普遍存在教学方法单一、实践性和有效性差等问题。高校中的通识类创业教育教学大都以讲授法为主，每学期安排1~2次实地参观（科技园、公司企业等）；在专业类创业教育教学或创业强化班中，活动以讲授创业理论知识为主，辅以专家讲座、实习参观等活动。这些方法都是以理论知识的传授为主，与传统经管类、商学院教学方法并无差异，缺少实践操作类的教学方法。如以项目为中心的教学方法不能很好体现创业教育的专业特色，更谈不上创业教育教学中的针对性。在浙江省大学生创业教育现状的调查中，当被问及"所参加过的创业活动类型"这一问题时，68.9%的受访者选择"创业成功人士报告"，50%的受访者选择"教授讲课"，23.9%的受访者选择"实际技能培训"，19.4%的受访者选择"参与创业计划大赛"。这表明：在大学生创业教育中，以讲座和讲授形式为主，而较少进行创业实际技能培训。

在对浙江省各类高校的师生访谈中可以发现，教师们大多认为，理论知识的学习是基础，同时辅以经验交流、实践锻炼等方法，从而使学生可以学以致用、理论联系实际；而学生对创业理论知识的兴趣并不大，更喜欢实践导向、动手为主、创业过程模拟分析等方法，希望亲自参与创业实践、获得创业体验和经验。

三、高校创业教育课程体系建设策略

依据我国经济发展、产业升级转型和高校创业教育开展的实际情况，高校应该建立"分类定位、结构优化、内容合理、实施有效"的创业教育课程体系，主要包括三个方面：确立分层互动、学生需求导向的课程目标；依据创业教育课程的定位，形成制度合理、内容丰富的课程体系；针对不同课程内容进行有效教学，采用多元灵活、能力导向的教学方式。

（一）确立分层互动、需求导向的课程目标

1. 分层互动的目标定位

创业教育课程体系的构建与实施，主要围绕培养什么样的人才、如何培养人才以及如何达到高校培养目标要求来展开。因此，创业教育课程体系的定位应以不同类型高校的人才培养目标为基本依据。我国高等院校大致可以划分为研究型大学、教学型大学和职业型院校。根据高校人才培养目标的差异，创业教育及其课程建设也有不同定位。

不同的高校依据自身的发展现状，结合区域和院校优势，打造不同的课程特色，最终形成不同层次、有区别、有特色的创业教育课程体系。

研究型大学拥有最优秀的教师和学生群体、最充足的经费保障和最便捷的资源渠道，以培养研究型人才为目的。这类院校要在发挥自身理论和科研优势的基础上不断提升创业教育的整体层次和水平，培养更多领导型创业人才，促进高科技成果的转化，成为创业教育的领航者；教学型大学则要结合当地产业结构，立足区域特色，为本地区的经济社会发展培养大量复合型人才，如以第二产业为主的地区，可以结合当地制造业密集的优势培养大量的制造行业创业型人才，为当地的创业结构升级做贡献；而职业教育类院校则以培养实用型、应用型创业人才为目标，如农业类院校可以加强现代农业技术的开发应用，打造生态农业、绿色农业等新兴产业，培养大批懂技术、会生产、善运营的新型农民。

高等教育的发展方向应该是错落有致、多元共存，绝非同质化、趋同化。创业教育也要遵循这一规律，发挥不同院校的优势，形成"百花齐放"的良性体系。

2. 学生需求导向的目标定位

由于高校内学生群体的创业教育诉求不尽相同，因此针对不同学生的需求进行准确定位也至关重要。不同学生的需求大致可以分为以下三类：

第一类定位于提高自身的整体素质，其核心是培养自身的创新精神。创业教育中传递出的创新精神是学生未来面对全球化竞争所必备的素质。作为未来社会的主体，大学生更应具备这种精神以推动国家、民族的发展。无论是从个人差异，还是从社会现实来看，人人都成为创业者并不切合实际，但创业意识和创新精神则是知识经济时代对人才规格的基本要求。针对此类学生，学校可以在通识教育中开设创业教育模块或在校园文化中融入创业元素，使学生耳濡目染，从而培养其创业意识和创新精神。

第二类是内创业者。内创业者就是指在现有的公司或企业体制内，发挥自身创业精神和革新能力，改进技术、提升效率，从而为公司或企业获取利益的人。这类学生需要了解创业者所需的各种品质和素养，如冒险精神、独立思考、团队合作等，同时也要能综合运用规划、决策、生产、管理、评价、反馈等知识，独立完成创业设计，解决实际问题。此类学生既要掌握从事未来职业所需的知识和技能，又要具备一定的创新思维、创业精神和创业能力，能在工作岗位上利用企业资源进行创业活动。针对此类学生，学校可以将创业教育作为专业学位之外的第二学位，达到一定的考核和修习要求即可获得双学位，使学生在习得专业知识的同时掌握创业技能。

第三类是自主创业实践者。这类学生具有强烈的创业欲望和一定的创业能力，以成为自主创业实践者为目标。这类学生是狭义的创业教育所要培养的主体。对于此类学生，创业教育的重点是要培养他们的创业实践能力，包括专业能力、运营能力和综合能力，为他们提供资金支持和技术咨询，支持其创业项目的后续发展。虽然此类学生的比例在各高校中较小，但是作为创业实践者，学校应该以强化班、精英班的形式对其进行重点培养和教育。

（二）形成制度合理、内容丰富的课程体系

1. 制度化管理，实现资源整合

高校的创业教育课程大多依托于某所或某些学院，没有形成统一的管理和联动机制，不利于统筹资源、全面协调。为了更好地规划和实施创业教育课程，高校要根据自身实际，建立独立的管理机构和规范化的管理制度，从而明确权责，使创业教育更具实效。

首先是建立独立的创业教育管理机构。这一机构的职责是统筹、规划和落实全校创业教育有关工作，整合学校各部门资源，形成整体优势，负责全校的创业教育教学管理、创业实践与创业研究，并指导各二级学院结合专业特色和师资优势进行创业教育教学，如可以设立创业中心或创业学院负责全校创业教育的实施。创业中心或创业学院的设立，一方面可以提供创业教育课程和项目，发展创业学学科；另一方面也可以作为学校创业教育发展的统筹机构，指导和规划不同学院的创业教育工作。

其次是建立规范化的管理制度。为了保证创业教育课程实施的长效性，建立规范化的管理制度尤为关键。管理制度应该包括日常工作制度、具体化实施制度和人员培训考核制度等。日常工作制度是对创业教育课程的整体规划和设计，明确将创业教育课程实施作为一项长期性工作的必要性；具体化实施制度是落实权责、细化岗位和个人的责任；人员培训考核制度是对行政人员和教学人员的培训和考核制度，包括工作量的规定、定期的培训要求和奖惩机制等，这有助于充分调动创业教育参与人员的积极性和主动性。当然，规范化的管理制度要真正落实，不能只有形式，流于空泛。如何监督制度的实施也是高校需要解决的重要问题。

2. 开发创业教育教材,丰富课程内容

教材是课程内容的主要载体,所以开发创业教育教材至关重要。结合高校的实际情况,创业教育教材的开发应包括以下两个方面。

一是对国外经典教材的引入和借鉴。我国的创业教育发展处在初级阶段,国外经典教材对我国创业教育发展有重要的借鉴意义,如美国百森商学院的"创业学丛书"是公认的创业教育经典教材,国内的一些高校也在积极引入。由于中美两国在诸多方面存在差异,在引入经典教材的同时,如何将其中国化,即在吸取国外课程教材建设经验的基础上,结合当地的经济形势与学生特点开发中国特色的创业教育教材是参编人员所要考虑的首要问题。在百森商学院的"创业学丛书"中有"创业企业融资"这一模块,在将其引入国内高校时,除了引入常规的融资途径等基本知识外,可以结合中国的具体情况,介绍每一种融资渠道的具体运作方式及相应的案例,如在创业教育教材中,加入当地的商业和文化元素。

二是结合地域和院校特色开发校本课程。校本课程开发在基础教育领域开展较多。作为与实践活动和地域经济结合紧密的创业教育课程,开发有特色的校本课程具有重要的理论和实践意义。如浙江是全国民营经济最发达的省份,很多地方都形成了独具特色的地域商业文化,如温州、宁波等地。这些地方的本、专科院校是以本地生源为主的,所以结合当地的商业精神和创业结构优势开发特色校本课程,更贴近学生的现实生活,有助于他们学以致用。如温州是第二产业——制造业占优势的地区,同时温州精神在全国乃至全世界都广为传扬。温州当地高校可以结合本地第二产业的优势,在服装、鞋靴制造等专业开发相应的课程,同时将温州精神融入学校课程和校园文化中,实现创业教育教材的校本化。

3. 推动创业教育与专业教育的深度融合

创业教育与专业教育的深度融合是创业教育向纵深发展的必然要求。高校应将创业教育课程纳入不同专业的人才培养计划中,利用多种方式将创业教育课程内容纳入专业课程体系,从而培养学生基于专业优势的创业能力。

结合高校创业教育课程的发展实际,要实现两者的融合有两种不同的阶段和路径:一种是嵌入模式,即在专业课程教学过程中渗透创业教育内容,通过在专业课程教学内容中适当增加创业元素和优化课程体系结构来培养学生基于专业知识的创业素养,如在人文社科专业中,可以穿插创业精神、创业政策、创业基本规律的讲授;在工科类专业中,可以结合专业知识对当前国际创新技术和一些衍生公司的发展等进行案例教学,鼓励学生将技术转化为市场需求,获取社会和经济双重效益。

另一种是融合性模式,即增加专业创业类课程。此种模式是打破已有的课程体系,设计和开发新的课程,实现两者的有机融合。高校可以在一些专业(如工程、农业和环境科学等专业)内开展试点,打破原有的课程体系,编写新的与创业深度融合的课程内容,提高实践教学的比重,让学生在"做中学",培养他们的专业类创业能力。这种模式是融合的高级阶段,对教材和教师的要求都很高。

(三)采用多元灵活、能力导向的教学方式

为了更好地实施创业教育、培养创业型人才,高校应积极借鉴其他学科的先进教学方法,积极进行教学改革,同时改革传统的考核方式,让学生真正参与实践、学以致用。

1. 教学方法多元灵活

创业教育的很多课程内容是面向实践、强调参与的。这些特点要求高校在创业教育教学上要勇于改革传统,采用新颖的教学方式。

在目前的创业教育教学中,讲授占据了绝大多数时间。讲授法的重要性毋庸置疑,但是在此种方法之外,也要积极尝试改变,如开展项目教学,积极引导不同专业的学生依托各自的知识背景组成创业团队,自行设计创业项目,有效利用校内外资源进行实践。在国外很多高校,学生在校期间已经创办上市公司或技术衍生公司,并成为行业内的佼佼者。采用角色扮演法,可以让学生在课堂上进行角色扮演,模拟公司各职能部门,让学生获得更直观的体验和认识。开展实践教学,依托校内大学生创业园、创业工作室及校外实践基地,分专题、有针对性地进行实习、撰写调查报告、编写创业案例。为了更好地实现创业与专业的结合,还可以采用基于问题的教学、"做中学"、行动学习等方式,以开放的姿态吸纳企业或创业者的参与。通过引入这些新型教学方法,使实务实践类课程比例在总课时中达到一半以上。

创业教育本身包括不同的模块,如创业者、创业过程和新企业管理等,教师要根据不同模块知识的特点和要求,灵活多样地实施教学,针对不同内容和不同学生群体使用适宜的教学方法。在融合创业教育与专业教育方面,要兼顾不同学科的专业特点,开展有特色、有区别的教育教学。同时,高校可以结合自身学科和师资优势,进行试点改革,并将成功经验进行总结和推广,以点带面,最终建成良性的校园创业教育生态系统。

2. 考核方式从重知识向重能力转变

与课堂教学方法改革相对应，创业教育教学的考核方式也要适时调整，改革传统的纸笔测验的方法，打破常规，注重过程。

传统的纸笔测验考查的是学生的记忆能力和思辨能力，并不能对学生的创业能力进行评估，因此可以采用项目考核、汇报答辩等考核方式。项目考核是给学生布置创业实践任务，通过一学期的学习，考查学生完成创业项目的情况。这种考核与以项目为中心的学习方式密切关联，主要考查学生的创业实践能力，符合创业教育的培养目标。汇报答辩则是考查学生在语言表达和人际沟通等方面的能力。如商业计划书课程就可以让学生组成团队，完成商业计划，并在学期末向教师、同学甚至是企业投资人等进行汇报答辩。同时对学生的考核贯穿学习的全过程，学生的成绩要结合理论课成绩、企业实习报告、参与创业竞赛的情况、毕业答辩、创业导师评价等给予综合评定。较之传统的考试，这些新颖的考核方式需要学生对一年内所学的知识进行综合性展示。这种考核方式不仅对学生的能力提出了更高的要求，而且更能体现创业教育的特色和目的。

考核方式的选择要与教学过程和学生的学习任务相适应。高校在探索新的方式方法的同时，也要注意考核方式的适应性、多元化和有效性，不可一味求新，而忽视了教育教学的实际情况。

第二节 师资体系

创业教育师资是创业教学活动的组织者、创业实践活动的指导者、创业理论的研究者。与如火如荼的高校创业教育相比，我国高校创业教育师资力量还很薄弱。实践国家创业教育发展战略，推广创业文化，客观上需要突破师资力量薄弱对创业教育所产生的制约作用。欧美国家创业教育起步较早，在师资建设方面已经积累了相当多的经验，我们有必要通过借鉴国外高校创业教育师资建设经验，结合我国高校创业师资的建设现状与需求，探索我国创业教育师资的发展途径。

一、高校创业教育师资体系建设的国际经验

高校创业教育的师资建设问题集中表现为师资队伍组建与培育。欧美国家高

校创业师资队伍呈现出规模大、专业背景差异性强的特征，多由专门的创业中心、创业学院统一管理，各创业中心与学院具备在全校协调师资的资格与职能。师资培育主要通过设立创业学学位、设置捐赠席位、提供师资培训项目、引入校外师资等途径实施。

（一）师资规模与管理

美国、英国在创业师资规模与管理两方面已经积累了许多成功的经验，具有重要的借鉴意义。

1. 美国

美国高校创业教育处于世界领先位置。创业中心和创业学院是美国高校管理创业教育教学和师资最为典型的形式。

美国高校创业中心人员主要有教授、兼职教授、终身教职/非终身教职教师、捐赠席位教授、全职/兼职工作人员。其中，全职教师拥有博士学位的平均数量为4名，拥有终身教职的教师平均数量为3名，兼职教师的平均数量为2名，除教师外的工作人员为4名。美国创业中心分布甚广、数目庞大，但整体发展水平参差不齐。百森商学院、麻省理工学院、康奈尔大学等高校在创业教育方面表现得尤为出色，突出表现为规模庞大的师资数量、系统的师资管理、多样的激励手段。

（1）百森商学院。百森商学院将创业教育作为一门独立的学科已有近50年的历史，学院极力推广"创业的思维和行动"，鼓励"所有形式的创业"，形成了独特的校园创业文化。百森商学院声称拥有世界上最强的创业师资队伍，创业系有超过50名的教职工，包括8位具有终身教职的教师和30多位兼职创业者。

师资管理主要由布兰克创业中心负责，该中心是整个百森商学院创业活动的神经中枢。师资建设与课程建设相辅相成。百森商学院针对本科生、研究生制定了系统的创业教育课程框架，围绕必修、选修和专门定制形成了三个层次的创业教育课程。其中，选修课程已达80门。相应地，学院充分吸收来自不同专业的师资，形成了结构化的师资队伍。创业教育的实施也从过去单纯的创业技能教育，转向将创业教育融入整个课程体系，并强调"创业思维和行动"。每门课程都是由一位资深的教授和一位富有创业经验的创业者共同执行，力图为学生提供创业教育理论和实际生活相平衡的创业教学。该措施与整个百森商学院强调的"创业理论与实践相协调"的教学哲学是相一致的。

为了鼓励和支持在校教师的创业研究，百森商学院还专门设立"百森教职工研究基金"。基金面向全校教师，为有价值的教师研究项目提供支持。在校教师通过竞争获得基金，并承担基金的研究使命。除了支持个别教师的研究项目外，该基金也为学院教师和工作人员正在进行的研究项目，以及即将出版的研究成果等提供支持。不仅如此，学校还削减了在校教师的教学工作量，让教师有更多的时间从事专门的项目研究。

（2）麻省理工学院。麻省理工学院创业中心有教职工 78 名，其中教授和副教授 18 名，高级讲师 14 名，终身教职和预备终身教职 10 名。

创业中心提供基础学科、创业技能、产业聚焦和其他创业选修课四个领域的课程。除少数课程外，多数课程面向所有学生，包括本科生和研究生。课程的实施采用双轨制教职工的方式，由教授和兼职实践者共同为学生上课，提供一系列的知识和经验。

创业中心还设立面向所有学生的常驻企业家项目，配备的师资包括三类人群：经验丰富的创业者和专家所构成的战略专家队伍、刚成立公司不久的创业者所形成的教练网络、已经完成企业初创的在校生或刚毕业的学生所构成的同行网络。不同层次的创业教育专家满足了学生不同阶段的创业需求，中心还提供专人帮助学生根据自己的需要选择合适的专家。通过该项目，学生可以与外部的咨询者和资源迅速建立联系，并形成了长期的合作关系。目前，该中心共有 17 名同行网络师资，11 名教练网络师资和 19 名战略专家。

为了表彰创业导师对创业教育所做出的积极贡献，专门设立了"阿道夫创业导师奖"。阿道夫是著名的创业教育者，从事创业工作长达 55 年，为资助和指导学生创业付出了大量的时间和资金。为表彰他在该领域的贡献，特设立以阿道夫命名的创业导师奖。从 2005 年至今，每年都会有一位创业导师获得该奖项，以表彰创业导师为创业教学所贡献的时间、精力和资金。

（3）康奈尔大学。康奈尔大学努力"创设一个遍及整个大学的创业项目，在每个学员、每个领域以及每个阶段培养每位康奈尔人的创业精神"。

该校通过设立"康奈尔创业网络"将全校各所院系的创业教育衔接起来。其目的在于分享全校所有学院、机构和组织为促进创业教育所举办的各项活动，支持各类全校性创业教育活动的开展，培育每名康奈尔学生的创业精神。为了进一步统筹创业资源，学校特别设立管理理事会和咨询委员会。管理理事会由 9 位来自全校各个学院的院长组成。咨询委员会由企业家、企业管理者和组织领导人构成，主要提供各类咨询和财政支持。进入咨询委员会有两个标准：第一，有兴趣与其他的校友、教职工一起，共同加强整个康奈尔大学学生、教师、教职工和校友的创业资源供应；第二，愿意用提供资金的方式支持各类项目。到目前为止，共有主席1名，副主席2名，成员78名，其中包括50名成功企业家。各学院依据自身的优势设立不同的学科，学生可以跨学院、跨专业选课，保证学生可以根据自己的兴趣选择适合的课程。自1992年起，康奈尔大学的校友、教师、学院院长成立了"创业精神和个人创业项目"。在管理委员会统一管理下，管理学院、农业与生命科学学院、工程学院以及其他参与学院的师资还可以进行跨学院流动。

为了表彰和鼓励优秀的创业师资，康奈尔大学还特别设立"克拉克教席"。该教席每年授予一次，只有在项目下表现积极，或有重大贡献的教师才能获此荣誉。自1992年以来，共有来自7个不同学院的17位教授获得该项荣誉。

总的来说，创业教育是一种素质教育，不同学科的学生都有必要接受创业教育。除了必要的师资数量、师资管理和师资奖励外，创业教育的性质还决定了高校应提供具备多学科背景的师资。

美国亚利桑那大学埃勒管理学院的"麦克奎尔创业中心"，吸引了来自不同专业（包括工程管理、音乐、社会学等）的37名创业师资，并设立创业师资咨询小组负责管理和调配创业师资。咨询小组由学校每个系部（经济学、管理和组织学、管理信息系统、市场营销、财务、会计）各出一名代表组成，另有高级管理和董事。咨询小组的任务是在创业中心和埃勒管理学院之间建立联系，提供创业教育的相关课程，在创业教育和课程方面与教师管理委员会保持联系。该小组同时还开展创业相关研究，促进创业与传统商学科的融合。

得州大学艾尔帕索分校的"创业发展、进步、研究和支持中心"汇集了18名创业师资，专门从事创业教育与研究。同时，它还组建咨询委员会负责创业教育的实施和师资管理工作。其中的6名委员，3名来自工程与科学专业，3名来自社会科学专业。3名工程与科学专业的教师代表了距离市场较近的领域，3名社会科学专业的教师代表了离市场较远的领域，很好地满足了多学科教师文化的需求。中心选择教师的潜在标准是"教师对创业有极大兴趣，教师群体拥有共同的发展旨趣"。

2. 英国

英国推行创业教育的大学中，60%的大学设有专任副校长负责创业教育，63%的大学将创业教育作为自身的发展使命之一。67%的大学拥有学生创业俱乐部或创业社区，64%的大学大力支持本校教师从事创业，83%的大学促使学术型教师从事一线创业教育教学工作，甚至有44%的大学指定教授为创业者提供咨询。

2007年，英国全国大学生创业委员会的研究报告《英国高等教育创业发展的优秀实践》显示，英国高校创业师资主要有两大来源：一是理论导向的师资，主要由商学院的教师构成。此类教师通常具有较好的研究基础，但实践经验相对较少。1995~1999年，40所英国高校中，非商学院教师提供创业教育的仅为3所，在随后的5年发展历程中，上升到18所。二是从企业聘请创业投资家、咨询师、企业家等有丰富管理经验的人员担任创业导师。

（1）伦敦商学院。伦敦商学院因在创业教育领域的突出成就而享有盛誉，其与美国百森商学院共同发起了著名的全球创业观察项目，至今参与该项目的国家已经超过42个。伦敦商学院致力于培养领导型人才，涵盖了会计、经济、金融、管理科学与操作、市场营销、组织行为学、战略和创业七大领域。丰富的师资来源、面向国际的创业课程和项目、遍布全球的学生等因素使得伦敦商学院的创业文化得到国际的普遍认同。伦敦商学院聚焦于创业教育，力图成为创业者学习的最佳场所，有创业头脑的学生学习的最佳场所，有创业研究兴趣教师的最佳工作场所，拥有创业精神实践者的最佳场所。伦敦商学院有来自不同国家的创业师资18名，多名师资具有实际创业经验。其涵盖了战略管理、企业战略、技术和竞争力的战略、管理创新、国际管理、经济社会学、组织间的关系、组织学习、就业的关系、产业演进等极为广泛的课程领域。

（2）剑桥大学。剑桥大学创业学习中心的核心创业师资队伍由10名教师构成。其主要工作职责是设计创业教育课程、参与创业教学，尤其要向其他创业教学者和实践者共享课程与经验。其教学得到了企业家、社会组织的大力支持，另外有数百名工作人员参与创业教育的教学与研究工作。该中心认为最佳的创业师资是真正的创业者，中心邀请有经验的企业家为新手创业者和学生提供课程教学、讲座和研讨，分享他们的知识和经验。近年来，已有300余名企业家参与了中心的教学活动。中心还配备了由企业家和商业领袖组成的辅助师资队伍，包括2位访问企业家和19位常驻学校的企业家。

总之，从师资规模看，英美两国高校创业师资相对充足，在教师数量最多的院校中，各类创业师资的总数达到近百名。师资管理呈现出五方面的特征：第一，通常设立专门的管理机构，由专门机构统一管理创业师资，如亚利桑那大学、德克萨斯大学埃尔帕索分校；第二，师资遴选兼顾理论与实践，典型方式有理论型师资和实践型师资一对一联合教学，如百森商学院、麻省理工学院等；第三，强调多学科师资队伍，如亚利桑那大学的"麦克奎尔创业中心"，得州大学艾尔帕索分校的"创业发展、进步、研究和支持中心"等；第四，构建庞大的兼职教师队伍，大量聘用校外优秀的创业师资形成以兼职方式为主的创业导师团参与创业教学，丰富创业教学内容；第五，强调创业教学激励，设立专门的创业教育者奖项，如麻省理工学院的"阿道夫创业导师奖"、康奈尔大学的"克拉克教席"等。

（二）师资教育与培训

创业师资的教育与培训包括职前和职后两个阶段。综观国际上高校创业教育表现较为卓越的国家和高校，普遍通过设立创业学学位、设置捐赠教席、提供师资培训项目等方式教育和培训创业师资。

1. 设立创业学学位

创业学学位体系建设是确保创业师资良性补给的重要保障。1999～2000年，美国已有142所大学在本科或研究生阶段将创业作为专业领域；有49所学校设置了创业学学位。美国、意大利、加拿大、英国、日本等国家在本科阶段开设创业学位的高校达224所。开设创业学博士学位项目主要有三种形式：第一，设立正规的创业学博士学位；第二，在传统的博士领域内，通过提供相应的教师和设备帮助学生进行创业领域的学习和研究；第三，商学院内从事创业研究，参与创业相关项目。采用前两种方式的北美和欧洲的高校共53所。

以美国为例，2003年的一项调查结果显示，在美国370所经过认证的商学院中，有82%的学院表示提供本科生创业教育项目，69%的学院表示提供硕士生创业教育项目，8%的学院表示提供博士生创业教育项目。同时参与调查的还有154位对创业有着浓厚兴趣的年轻教师。其中，11%的教师获得了正式的创业学博士学位，25%的教师正在参加此类项目，60%的教师所在单位提供硕士或博士的创业学方向。

培养博士研究生是提供高校创业师资的主要来源。2008年，美国大学商学院联合会所认证的创业专业博士项目共有35个，另外有70多所没有获得认可的高校同样提供创业博士项目。美国高校博士学位培养，方法上更强调学术能力培养；课程内容上由基础类创业课程、经济类创业课程、社会科学类创业课程构成。

美国高校创业学学位体系得到了普遍推广，形成了结构完善的学位课程体系，其经验值得借鉴。

2. 设置捐赠席位

捐赠席位是中等后教育机构中一种特殊类型的专业职位，企业或者私人捐赠于某一职位，使之区别于学术圈的其他职位，同时授予持有者特殊的地位。通过设立捐赠教席吸引创业师资，是鼓励高校师资参与创业教学的重要途径。捐赠教授席位数量是衡量创业教育发展的重要指标。它吸纳私人资金和基金会资金投入高校创业中心，支持创业教育的开展。

捐赠教席的数量不断攀升。考夫曼基金的统计数据显示，自1963年佐治亚州立大学设立第一个捐赠席位以来，美国高校创业领域的捐赠席位数量不断增长。1999~2003年，捐赠席位从237个增加到406个，平均每8天产生一个新的捐赠席位。同样地，世界范围内创业教育捐赠教席数量也得到大幅提升，到2003年已有563个捐赠席位。

捐赠教席的职称多元。对美国103所大学和学院的177个创业教育席位的调查发现，117个席位由全职教授担任，其余60个席位分别由副教授、助教、兼职教授等承担。97个席位在私立大学或学院，80个席位在公立大学或学院。

捐赠教席的资金来源和数额不断增加。美国捐赠席位有95%来自私人的慷慨捐助，其余5%来源于公司以及基金会。捐赠席位的捐赠数额也在逐年增加，高校获得的最大捐赠数额也不断增长，从1991年的400万美元增长至1999年的1000万美元，后来又增至2004年的2000万美元。

捐赠教席的教师工资较高，教授的年平均薪资水平为165086美元，副教授、助教和兼职教师的年平均薪资水平分别为123210美元、104651美元和113275美元，平均水平为162018美元。根据美国教授协会2004~2005学年高等学校教师经济状况的研究结果显示，美国教授、副教授、助教和讲师的平均薪资分别为91548美元、65113美元、54571美元和45647美元。捐赠教席的薪资远远高出美国教师的平均水平。

从上述得知，创业学捐赠教席的教师职称水平普遍较高，获得的资金捐助逐年增加，薪资水平大幅高于其他类型的教师。捐赠席位的设立是对创业师资的一种认可，极大地刺激了其他专业领域的高水平师资参与创业教学的热情与积极性，在扩充师资队伍的同时，提升了创业师资队伍的质量水平。

3. 提供师资培训项目

随着全球高校创业教育的蓬勃发展，创业师资面临巨大的缺口，仅靠创业学位培养和设立捐赠教席无法满足需求，对在职教师开展创业培训成为世界各国培养创业师资最为主要的形式。师资培训项目有高校搭建师资培训平台、设立区域师资培训计划、校企合作开展师资培训、基金会提供捐赠支持四种主要途径。

（1）高校搭建师资培训平台。百森商学院通过多种形式开展面向全球创业教育者的培训。自1984年起，百森商学院已经培训了来自68个国家，3200名学术研究者和创业者，每年还向上千万名培训者传授创业理论和实践。创业教育者研讨会项目包括两种类型：公开招生项目和传统项目。"普瑞斯—百森创业教育者研讨会"是唯一的公开招生项目。研讨会每年春季召开，目的是建立一个国际教育者框架，理解创业教学的融合理论和实践的重要性，不同学科背景的教师都可以参加该项目培训。传统项目包括创业教育者模块、创业教育者研讨会和教授创业思维和行动。传统项目不受时间和地点的限制，每年在多个地方开展多次培训。以"创业教育者单元"为例，该模块分为六个教育模块，由百森商学院与国际上多个大学、学院和学术机构联合制定。

项目的核心思想是"应当定期参与学习，提升教师的教学效果"。百森商学院的创业师资培训模式已经得到很多机构的认可，在包括巴西、智利、马来西亚、墨西哥等国家的创业教育机构实施。项目目标是通过各种教学理论，加强机构提升教师创业教学的能力。

英国有多所高校也发起各类培育创业师资的项目，如伦敦大学学院、诺丁汉大学、雷丁大学等都开设了创业相关的师资培训项目。

（2）设立区域师资培训计划。

1）欧盟。21世纪初期，欧盟委员会出台竞争力和创新发展框架项目。在该框架下开展子项目"欧洲创业教育者项目"，由英国全国创业教育委员会、丹麦奥尔胡斯创业中心、芬兰图尔库经济学院和克罗地亚奥西耶克大学承担实施。项目通过开办欧洲年度暑期学校的方式支持和促进创业教育发展。暑期学校开设的时间为2010～2012年，每次一周。三年间共开办四期暑期学校，培训了来自19个欧洲国家的147名创业教育者。

3EP项目包括创业学基本知识和技能的培养、创业教学基本技能的掌握与提升、从教与学的主体及互动的角度提升教师创业教育教学水平等几大领域的内容。参与培训的学员男女比例均衡、专业领域多元化、平均就职年限在7年以上并且从事创业教学4年以上。

3EP是欧洲最主要的创业师资培训培养项目，系统设计了创业师资所需的各

第四章　应用型高校创业教育体系构建的内容

项知识和技能，在促进区域创业师资培养中发挥了重要的作用。

2）英国。英国最具影响力的创业师资培训项目当数"国际创业教育学者项目"，该项目由英国全国创业教育委员会负责实施，并得到了北美多个创业基金会的支持。

项目目标：培育创业教育领域的领导者，包含以下五个方面：

建立创业教育者的快速发展通道，获得全球创业教育领域的丰富经验。

探索他们在创业教育领域的领导能力。

探索创新的方法，促进创业教育的有效实施。

丰富教师有关创业教育过程方面的知识，深化对创业教育过程的了解。

加深教师对企业创立和管理过程的了解。

项目理念：兼顾教育哲学、创业项目结构和过程等内容，主要体现在以下四点：

①创业价值观，还包括创业行为、态度和技能发展。

②遵循政策核心和创业教育需要，强调创业精神的广泛传播。促使人们不会因为处在极度不确定和复杂的社会而对创办企业感到畏惧；能够享受创业给生活、工作所带来的乐趣。

③重点强调通过知识组织和教学激励创业实践，培育创业者的"行事风格"。

④为参与者创建、讨论、执行创业，以及将理论融入实践提供尽可能多的机会。

项目结构：项目运行时长8个月，包括6个模块。各个模块由不同的地区和组织实施，学生可以选择某一模块学习，也可以选择多个模块一起学习。

（3）校企合作培养创业师资。除高校、政府外，越来越多的企业开始热心于高校创业教育和创业师资培训。英国高校通过提供"专业持续发展项目"，以校企合作的方式培育高校创业师资和企业雇用人员。项目是在高校与企业互惠互利的基础上开展的。企业可以通过促进员工把握最新的学术观点，提升员工技能，高校教师可以获得专业化实践，为创业教学融入新的素材。

利物浦约翰摩尔斯大学是成功培养商学专业创业师资的典范。其培训过程主要包括三个方面的策略：一是在学校认定的项目下，促进商学专业和法律专业的教师与企业展开合作。英国质量保障署为教师量身定做相应项目。通过项目与接受教师培训的各个组织、企业建立合作关系，提高自身的管理技能。二是商学专业和法律专业的教师通过资源支持性学习和在线学习提高自身专业水平。在线学

应用型高校创业教育体系构建研究

习平台为教师提供了超过 60 个基于文本的课程模块和丰富的创业教学相关知识内容。三是鼓励商学专业和法学专业的教师参加硕士创业项目，同时利用地区发展局的资金，由学校与西北部其他四所高校开展联合培养师资项目。该培训项目设计了 20 个基于网络、满足中小企业管理发展需求的课程模块。

总结利物浦约翰摩尔斯大学的成功经验，可以概括为两个方面：将基于网络培训模块的创业师资培训与从中小企业雇员或雇主获取的创业知识有机结合，通过整合过程提升创业师资技能二者互动；通过项目建立区域师资共享培训模块，与西北部其他四所高校互认师资培训学分，促使学院在区域内的交流互动。

（4）基金会捐赠支持。针对创业师资薄弱、创业课程开发不足的现状，科尔曼基金会启动科尔曼创业师资伙伴计划，提供创业师资发展专项资金。在过去的 5 年内，科尔曼基金会对 19 所高校共投入 160 万美元用于伙伴培训和高校补助资金，同时投入 50 万美元用于相关项目的运营。

2013～2014 年，基金会计划投入 50 万美元用于师资培训项目，比 2012～2013 年增加近 70%。该项目有 58 名来自非商业学科的教师参与项目培训，联合开发创业课程。课程开发有三种形式：在所在学科开发新课程；调整现有课程，并融入创业理念；增加额外课程活动，支持创业教育。此项计划主要有三个目的：支持非商业学校或专业的创业教育；强调创业教育理解中商业创造的重要性；培育一批创业教育者，尤其是商业学科外的创业师资培养。为达到这些目标，基金会推出了三方面战略内容：加强创业核心课程对自我雇佣技能的培育（如视野、机会识别、网络和团队发展、财务管理、市场营销、技术运用、销售、领导等）；增加体验性、课外活动的创业课程的频次（如常驻企业家、校友管理、实践应用技能等）；促进创业概念理解和跨学科创业学习。参与培训的教师皆是非商业专业人员，每人可获得一学年奖学金。由一位经验丰富的创业教育者对他们进行为期一年的指导，以提升创业教育者在整个校园内推进创业教育的能力。项目结束后，参与者仍将与创业项目组保持联系，并成为"科尔曼创业实践社区"的成员。

除了科尔曼基金会外，考夫曼基金会为参加第一轮"考夫曼校园计划"的每所高校提供 500 万美元的资金支持，为参加第二轮"考夫曼校园计划"的高校提供总额 1900 万美元的资金支持。各个基金会在高校创业师资发展方面都投入了大量的资金支持。

（三）引入校外师资

引入校外师资参与创业教育是避免高校难以兼顾创业教育理论与实践双重属性的主要手段。美国创业教育课程师资来源分布较广，社会兼职教师占创业理论课程的7%，占创业实践课程的21%；社会兼职教师比例占整个创业师资的14%，具有管理实践经验的师资占80%。

企业家参与创业教学主要通过邀请资深企业家担任客座讲师、企业家以驻校形式兼任导师和示范榜样及企业家成为创业课程咨询委员会或实践教授的成员三种形式。

为了与企业家建立长期深入的合作关系，避免企业家与高校合作流于表面，美国高校主要通过课堂教学、课外指导、小型讲座等方式，充分发挥兼职企业家的教学价值。对企业家学生进行一对一配对指导是驻校教师参与创业教学，深化校企合作的典型方式。高校与来自企业的创业者展开合作，提供创业实习和创业项目机会，为处在创业发展阶段的大学生挖掘更多的学习素材。不仅在教师与学生之间，甚至在校外创业者与高校教师之间，也会在共同指导学生创业活动的过程中形成稳定的联系，共同见证高校大学生的成长。

以北卡罗来纳州维克森林大学为例，其推行的企业家参与大学生创业实践的策略，具体包含了以下几个方面：

根据专业技能不同，安排创业校友在不同的学科作为示范榜样、客座讲师或教师的协助者。学校认为企业家天生热情，通过企业家讲授创业案例的教学效果会十分突出。校友自身也希望通过自己的努力提升母校学生的创业兴趣。

为大学生安排企业家创业导师。创业导师能够对大学生创业的体会与感受产生共鸣。学生向企业家请教创业或衍生企业时遇到的困难和困惑，企业家凭借自身的创业经验给学生反馈。通过这种互动模式，使两者产生共鸣。

企业家为大学生参与商业计划竞赛提供赞助或服务。在创业大赛中胜出的大学生创业者可以获得企业家的资金赞助。

企业家担任大学生的创业导师，根据真实创业情境对大学生开展个性化培养的方式，能够为学生提供创业机会，通过企业实践强化创业技能。

二、我国高校创业教育师资体系建设的现状

2012年8月，教育部办公厅发布《普通本科学校创业教育教学基本要求（试行）》，要求各高校将创业教育"融入人才培养体系，贯穿人才培养全过程"。

应用型高校创业教育体系构建研究

我国高校创业教育开始步入"全校性创业教育"的发展方向,高校创业教育的发展热情迅速升温。部分高校开始将创建"创业型校园"作为未来的发展目标。同时,创业师资队伍建设问题日益凸显。

从总体来看,我国高校创业教育师资建设现状可概括为以下四个方面。

(一)队伍初步形成,结构比例失调

随着高校创业教育的广泛开展,创业教学从过去的自发教学,转变为有组织、有目的的教学活动,初步形成专门的教师队伍。以上海交通大学、温州大学、华南师范大学三校为例说明。

(1)上海交通大学。2010年6月,上海交通大学设立虚拟创业学院,明确了"面上覆盖、点上突破"的指导思想,以及"使创业学院成为培养未来产业巨子的摇篮"的发展愿景。在师资队伍上,学院设立了由17人组成的战略专家咨询委员会、14人组成的教学指导委员会和完善的行政机构,构成了系统的三级管理体系。

(2)温州大学。温州大学将"培养德智体美全面发展,具有创新精神、创业能力和社会责任感的高级应用型人才"作为学校人才培养目标定位,通过创业教育与专业相融合,拉动全校教师参与创业教育教学。2009年6月成立的创业人才培养学院,负责全校创业教育规划与实施。学院有专职工作人员8名,同时组建由校内外专家、教授、教师等构成的师资队伍70余人,其中企业家创业指导师32人,KAB项目师资41人。

(3)华南师范大学。2009年,华南师范大学成立创业学院,秉持"开放、实操、效果、可持续"的工作理念,面向全校研究生、本科生开展创新创业教育。现有师资百余人,其中40人具备KAB、SYIB资格证书,聘任50余名企业家作为校外创业导师。

对我国高校创业师资研究结果显示,现阶段我国高校各类师资框架初现端倪。但是,由于师资队伍建设工作开展不久,缺乏明确的建设目标作为指导,呈现出师资结构比例失衡的状态。主要表现在以下两点:

一是师资课程比例失衡。高校创业教育课程通常有三个层次:学校层面的创业教育通识课,学院层面的创业与专业教育相结合的融合课程,专业层面的创业学专业的专业课程(包括从本科、硕士到博士的创业教育体系)。对应的师资为通识课程师资、融合课程师资、专业课程师资。对浙江省高校进行调研发现,创业通识性课程师资通常为高校团委、学工部人员,此类师资数量严重不足,缺口尤为明显。以浙江某一高职院校为例，全校数千名学生，但从教创业通识课程的师资仅有 7 名。由于师资不足，课时也由过去的 8 个课时缩减为 6 个课时。在另一所综合性大学，全校层面学制内的创业通识课程师资仅有 1 人。融合课程数量较少，到目前为止并未出现专门的教材，多由专业教师施教。这些师资既没有受过相应的师资培训，也没有相应的教材作指导，数量不足与质量偏低状况并存。专业创业课程多由商学院、管理学院师资实施。现在仅有极少数高校提供了创业学位课程师资。

二是不同师资类型比例失衡。创业师资按照教学领域不同可以分为企业师资、专业师资、创业辅导员三类。创业教育导向的差异，决定了创业师资配置的差异。通常研究性高校与普通高等院校师资以"专业师资"为主，高职高专院校以"企业师资"和"创业辅导员"为主，师资缺失或极为薄弱的情况普遍存在。

（二）组建方式多元，准入制度缺失

从师资选拔方式上看，我国现有的高校创业师资组建方式，较为典型的有以下三种：

（1）以创业教育项目为媒介，吸引师资参与创业教学或创业研究。例如，2012 年温州大学推出"创业人才培养模式创业实验区"项目，各实验区自己组建教师队伍，以创业教育与专业教育深度融合为目标，探讨在专业教育中深入融合创业教育的途径。首批通过的 3 个实验区各获得 6 万元的项目资助。以服装设计与工程专业实验区为例，该实验区组建了 8 人构成的教学队伍，包括 1 名副教授、1 名高级经济师、2 名讲师和 4 名企业指导师。这一改革方式不仅调动了全校教师的创业教学积极性，还促进了创业教育的深入改革，提升了学校创业教育教学的水平。

（2）按照课程体系设置，从全校范围内为创业教育试点班级提供优秀的创业导师。温州大学的创业教学团队由校内优秀教师、校外企业导师和校友构成。创业学院根据各学院推荐的优秀教师，参考历年来学生对教师的评价分数，进行择优录取，最后由创业试点班学生确定最终人选；校外企业教师集中聘请优秀的职业经理人或知名企业的财务、人事、营销、管理等部门具有丰富实战经验和讲课感染力的一线精英。

（3）学校行政人员、教师、辅导员等各类群体通过参与创业培训，提升创业教育教学能力，承担创业教学任务。

然而，多元化的师资选拔方式，无法弥补师资准入制度上的制度漏洞。现有高校鲜有设置专门的创业师资准入制度。教育部虽然已就加强高校创新创业师资培养提出了指导性意见，但对"高校如何选择创业教师""创业教师应当具备哪些条件，才能指导大学生的创业活动"等问题，并未形成一个明确的标准和规范性文件。我国大部分高校，无论是对创业师资的专业类型、学历层次、从教年限，还是培训要求，都没有做出明确规定，师资准入制度不健全。尽管少数学校制定了相应的选拔制度，但是迫于创业师资匮乏的现状，只能依据教师专业教学水平的高低，而非创业理论或实践水平的高低选拔师资。呈现出"校外创业师资选聘标准不完善，已有师资利用标准不明"的怪象。

当前，我国部分高校已经从社会各界聘请企业家、创业成功人士、专家学者等作为创业教育兼职教师。但是，一方面这些兼职教师多缺乏教学经验，教学效果有待提高；另一方面这些师资多采用短期培训班、讲座、临时创业指导等方式参与创业教学，并未形成长期有效的教学关系。

（三）创业学位初现，培训平台不足

在创业学位体系建设方面，我国部分高校也取得了一定进展。浙江大学管理学院在2006年实施了"教育部专业人才培养教学改革项目"，进行了多通道、阶梯式、复合型高层次管理学精英人才培养模式探索与实践，从三个不同层次（本科生、MBA、硕士研究生）组建"创业管理精英班"，成为全国首个获得国务院学位办授权的创业管理硕士点和博士点的办学单位，创业管理博士是全亚洲第一个创业管理博士点。2009年，浙江大学管理学院在创业管理精英班级的基础上，与创业管理全球排名第一的百森商学院、欧洲排名第一的里昂商学院合作建立全球创业管理培训的硕士学位项目，引入国际顶级的教学资源与经验。

温州大学创业学院在2010年3月发布首届创业管理双专业、双学位班招生计划，从120个报名学生中选拔出50名学生参加创业专业学习。创业管理辅修双专业、双学位的学制为两年：辅修双专业为50学分，辅修双学位为60学分。修满50个学分并且考核合格的，颁发温州大学工商管理（创业管理方向）辅修双专业毕业证书；在此基础上，完成相应的创业管理方向毕业论文符合学校学士学位授予条件的，授予工商管理（创业管理方向）辅修双学士学位。

中南财经政法大学和共青团湖北省委于2011年12月联合创立湖北青年创业学院，设立湖北省首个创业学位班，首批有10余名学生。参与学生在修满相应学分后可获得中南财经政法大学创业管理方向的双学位证书。

高校内从事创业教学的师资群体，根据师资群体的主动性不同，可以分为"自下而上"的创业师资和"自上而下"的创业师资。前者指对创业教育感兴趣或从事创业教育研究的教师。这类师资自主、自发地参与创业教育教学的实施，具有较强的创业理论背景，但缺乏创业实践知识，人数不多，是高校创业教育中的小众。后者往往是根据学校的教学要求，将创业教育知识或理念融入专业教育的师资。此类师资多是未受过任何创业培训的专业教师，对创业教育的认识仅停留在肤浅的表层，对框架性、层次性的创业知识知之甚少，对创业实践没有深刻的认识，市场意识和实践运作能力等明显不足，对政府、学校的各项创业政策尤为陌生，极大地制约了高校创新创业教育服务能力的提升。

由于专业的创业学位建设仍在初始阶段，教授创业课程的大部分是非专业师资。创业师资的成长主要依赖于KAB、SYB、中国青年创业国际计划、清华大学创新创业研修班等各种创业培训。与全国高校创业教育的需求相比，这些项目提供的师资培训机会显得杯水车薪。即便是走在浙江省创业教育前列的高校，每年参与此类培训的教师数量也十分有限，教师成长平台明显不足。

（四）组织化程度提升，协调管理有限

我国高校创业教育在经历了十余年的发展后，制度化程度逐渐加强，师资管理稳步提升。高校创业师资队伍的专业化，有赖于创业教育相关的组织的制度化。综观我国高校创业教育，我们可以划分为三类主要的组织形式：

（1）以创业人才培养为主的组织类型。主要负责学校的创业教育课程实施、师资管理和举办各类创业讲座。如温州大学的创业人才培养学院、义乌工商职业技术学院的创业教育学院等。

（2）面向创业实践，以创业培训、创业实训为主要方式的组织类型。此类组织又可以分为：第一，以社会人员创业培训为重点的创业学院。此类创业学院，面向社会上的各类有志于创业的青年。学院力图通过完善平台、降低青年创业成本、铺设绿色通道等途径，为社会人员提供创业服务。如"中国青年创业学院""蒲公英青年创业学院"等。第二，提供创业实战的大学生创业园、创业中心、创业基地、科技园等，主要负责为大学生提供相应的创业场地，资助和物质支持。如我国现有的28个国家级大学生科技园、各大学设立的大学生创业园以及各类大学生创业实践中心。

（3）以创业研究或创业指导为核心的组织。一是创业研究中心，如浙江大学管理学院成立的"全球创业研究中心"，南开大学设立的"创业管理中心"，吉林大学设立的"创业研究中心"等。二是创业指导中心，如宁波大学的创业指导中心，浙江海洋学院机电工程学院2006年成立的以创业团队扶持、创业师资指导的方式推动大学生创业的"大学生创业中心"，宁波大学科技学院的"家族企业接力研究咨询中心"等。

总的来说，第一类组织具备统筹全校师资的职能；第二类组织以提供物质资源为主，师资调配能力有限；第三类组织以研究和创业实践指导为主，师资提供和管理受到限制。

调查发现，除了极少数高校通过建立创业学院等方式统筹管理全校创业师资外，大部分高校都存在不同程度的师资管理混乱，师资力量运用不足的情况。从横向上看，创业教育本身涉及经济学、教育学、管理学、社会学、心理学等多个学科；从纵向上看，创业教育包含了全校层面、学院层面和专业层面的创业课程。以浙江大学为例，仅参与创业教育建设的学院和相关部门就达十几个单位，但是并没有设立专门的机构对全校的创业教育活动和资源进行统筹管理和规划。

三、高校创业教育师资建设策略

科学的理念是保障行动质量的基础。创业师资与传统师资在教学技能与知识类型要求上存在根本差异，组建创业师资队伍本质上是一个破旧立新的过程。特殊的创业师资类型框架和目标要求，决定了创业师资队伍建设要避免随意性，必须以明确的目标作为指导，以一定的理论架构作为支撑。

（一）设立分层推进的师资建设框架

1. 形成由企业、专业和创业辅导构成的师资框架

高校创业教育指的是高校利用课堂内创业课程和课堂外创业活动，培养学生创业精神和创业技能的教育。"实践性与理论性并存"是创业教育区别于普通教育的典型特征，促进自主创业又是创业教育的结果之一。因此，创业师资选拔与培养必须兼顾创业实践、创业理论、创业指导三方面的内容，对应师资为企业师资、专业师资与创业辅导员。

2. 制定实践型、双师型和咨询型的师资培养目标

目前有关创业师资培养问题的专门研究不多，缺乏前瞻性指导。面对创业学位体系尚未形成的客观现实，创业师资队伍建设主要依赖于引入外部师资和师资培训。

鉴于创业教育实践性与理论性的特征,"双师型"教师是能够同时驾驭创业教育理论课和实践课的中坚力量,是师资培养的重点目标。"双师型"教师最早出现于职业教育领域。与职业教育相似,创业教育最终要回归创业实践。科学有效的创业技能培育离不开创业实践经验,急需同时具备创业实践与创业理论的创业师资。

具体有三类师资,企业师资以提供创业经验为主,需具备基本的教学技能以满足创业教育需求;专业师资需要将专业与创业融合,必须具备理论性与实践性的双重知识能力,即"双师型"教师;创业辅导员以创业咨询为主要任务,需要对创业法规、政策拥有基本认识,能够为学生提供创业支持。不同类型师资对应的具体培养目标应有所区别,如图4-5所示。

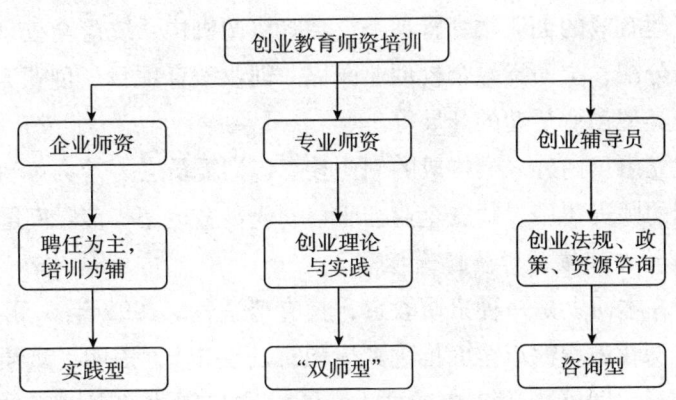

图4-5 创业师资培训目标

(二)建立数量充足的高素质师资队伍

1. 弥补师资缺口

依照教育部《普通本科学校设置暂行规定》的规定,高校专任教师的师生比不能低于1:18的标准,兼职教师人数不超过专业教师总数的1/4。根据教育部《普通高等学校基本办学条件指标(试行)》对高校师生比的要求,各类院校的标准分别为工科、农、林院校1:18,医学院校1:16,语文、财经、政法院校1:18,体育、艺术院校1:11;高职学校中,综合、师范、民族院校1:18,工科、农、林院校1:18,医学院校1:16,语文、财经、政法院校1:8,体育、艺术院校1:13。

依据法规规定，普通高等学校师生比例最低标准为1∶18。2018年，教育部网站公布的数字显示，2018年我国高校本科在校生人数为2892万余人，研究生在校人数为226万余人。师资需求数量由受教人群决定。根据"全校性创业教育"的发展计划，师生比例的最低要求、高校在校生现有人数需求、创业师资的发展能力等因素，目前我国创业教育的师资缺口很大。

2. 建立创业教育协调机制

加强创业教育，管理是高校全面推进创业教育不可或缺的要素，更是创业教育制度化建设的一个重要标准。我国高校创业师资缺口大、质量低，存在师资管理混乱现象。扩建创业师资队伍，提升创业师资质量的首要任务就是完善创业教育协调机制。借鉴国外已有经验，我们必须着力加强管理，加强顶层设计，将创业教育规划融入高校整体发展战略，提出明确的师资队伍计划。

高校要组建有效的创业教育管理委员会等协调机构，统筹全校创业教育师资队伍的管理与分配；全面指导全校创业课程、创业教育项目、创业竞赛、创业训练营以及各种类型创业活动的开展等。

高校要成立由校内外人员构成的创业教育咨询委员会，着力解决创业教育实施过程中遇到的师资聘用、师资企业挂职、创业资金运用等实际问题。

3. 兼顾理论与实践的师资遴选标准

创业教育在本质上是一种素质教育，具有普适性。1999年6月，中共中央、国务院《关于深化教育改革全面推进素质教育的决定》，表明了素质教育包括提升"创新精神和实践能力"在内的两大核心。这与创业教育培养具有首创精神和创业能力的目标是一致的。创业教育反映了素质教育的核心与重点。实施创业教育的目的不只是帮助学生走上独立创业或自谋生计的道路，更重要的是帮助学生将创业精神和能力迁移到各项工作与活动中，以适应瞬息万变的社会。

素质教育理念下的创业教育，要以创业理论知识为基础，以创业实践知识为重心，要求教师具备先进的创业教学理念和实践导向的教学素养。在师资选拔上，要避免过去单纯以高学历、高职称作为选择标准，树立以教师素质与创业人才培养相契合的选聘导向，避免将"纯粹知识教学"的教育痼疾带入创业教育。

4. 制定灵活的兼职师资选聘制度

制定灵活的企业师资选聘制度，提升企业师资的参与力度和质量，对专业需求、教学任务、薪金制度、项目参与需求、企业师资与专业师资合作做出合理安排。

企业师资选聘应兼顾创业教学的多层次需求。以不同教学时长的教学任务为例，第一个层面是学校层面的创业通识课，应采用校内辅导员、研工部、学工部等教师为主，兼职教师为辅的师资组成结构。每门课程选配一位或数位能够担任短期课时的兼职教师，采用讲座、互动、专题讨论的方式开展创业教学，作为入门创业知识的补充。第二个层面是学院层面的创业融合课程，应采用专业教师与兼职教师一对一的协作模式，选聘能够担任半个学期或一个学期时长的校外兼职教师，与专业教师共同授课，结合理论与实践提供系统的创业课程。第三个层面是专业层面的创业课程，应选用兼职教师独立教学的组织方式。根据创业学课程人才培养的需要设立专门的创业课，选聘创业学领域的专家，专门开设一门或数门相关的创业课程。

高校要着力完善企业师资选聘制度。根据三个层次课程的不同需求，真正将校外兼职教师融入创业教学中，改变过去"蜻蜓点水"式的教学辅助，真正对学生的教学与创业实践起到有效的指导。

（三）形成结构合理的师资结构

1. 组建结构合理的教师队伍

创业师资由企业师资、专业师资和创业辅导员三部分人员构成。各高校应根据国家规定以及实际课程的教学需求，建设师资规模与结构合理的教师队伍。

鉴于现阶段创业师资严重匮乏的现状，在实际操作中，一方面要坚守师资选择标准的原则底线，扩大师资选择的范围，从参与 KAB、SYB 等培训人员扩大到创业教育的实践者和研究者，乃至各专业院系不同专业的专业人才，不拘一格地选拔人才，形成稳定的校内教师队伍。另一方面还要设立一条或多条优秀师资的绿色通道，广泛吸引海内外创业学专家、建立创业教席。与此同时，高校还应当与当地产业相结合，吸引成功的企业家、风险投资商、律师、政府官员等不同领域的人才系统地参与高校创业教育，并根据教学层次的需求建立结构合理的教师队伍。

2. 统筹优化现有师资资源

院系壁垒成为阻碍高校内创业师资相互沟通与成长的主要障碍，各高校可以结合现实需要，参照三个层次的创业课程设置，开展不同层次的创业教育，打破学院的制约，重新整合师资力量，形成通识教学、融合课程教学、创业学教学三种不同的教学模块。通过课程体系的构建，将创业师资组合成密切联系的教师网络。

应用型高校创业教育体系构建研究

根据完成的实际创业过程，形成不同的师资合作模式。第一，组建一主多翼的师资团队。此类型师资团队以一次完整的创业项目或创业活动为依托，由不同专业的专家构成的师资队伍，能够满足整个创业过程需求。推举一位贤才作为统筹者，组织相关教学活动的讨论、教学内容的选择、制定阶段性的发展目标。第二，根据创业不同阶段或专业领域的需求组建师资队伍。高校可以将不同领域的专家根据创业不同阶段或专业领域的需求，形成特定的师资队伍。学生根据自身能力需求与创业发展需求，选择相应的师资咨询。

统筹优化现有的师资资源，形成不同形式的师资团队合作方式，最终目的在于充分发挥每一位成员的优势，更好地为创业教育发展服务。

3. 制定科学的教师协作教学制度

大量引入高校外部兼职教师是我国创业教育发展的现实需求。专业师资主要依赖校内师资，师资流动稳定。而企业师资主要依赖于高校外部的企业人士的引进，流动性大。

随着"全校性创业教育"理念的推广，专业教师的人数在大幅增加，而且不同师资类型、不同课程专业类型、不同课时长度的兼职教师也使师资管理工作变得更为烦琐。在此状况下，没有完善的师资衔接制度作为保障，一旦出现教师离职的状况，必定导致师资链条断裂，破坏教育教学的整体性。为此，高校必须在创业教育管理部门的统筹规划下，在紧密联系社会、主动挖掘不同领域的优秀人士的同时，制定严密的师资衔接制度，做好短期、长期师资聘任规划，与应聘师资之间保持密切联系。

4. 完善创业师资的激励机制

忽视以人为本的师资管理模式，必然导致选人、用人、育人和留人各环节衔接的断裂。在创业师资管理方面，高校应明确树立"以教师为本"的管理理念，确保教师在创业教学中的主人翁地位，帮助教师树立正确的创业教育价值观，认识到创业教育对教师自身和学生成长的重要作用，建立能够促进教师个体发展的激励体制和管理体制。

具体到实际操作层面，高校要努力将教师的个人发展目标与创业教学发展目标相统一。引导教师根据学校创业教育发展的定位和实践型人才培养需求组织开展教学活动。对教师在科研、教学、实践等不同领域所取得的成绩，给予科学的评价和合理的回报。努力实现管理方式从压力的传递向内在激励方式的转变。

成立创业师资发展基金，奖励在创业课程建设、教学方法革新、创业实践以及创业研究等领域做出显著成绩的教师。一方面，制定符合教师劳动投入的薪酬制度，落实创业师资的工资、福利等各项政策，切实保障创业师资的利益。另一方面，努力营造一种宽容失败，推崇创业，鼓励冒险的宽松、自由环境，为教师提供良好的创业教学氛围。

（四）建立形式多样的师资培养体系

1. 加大创业学学位体系建设

高质量创业师资短缺已经成为阻碍我国高校创业教育发展的主要"瓶颈"。短期速成的创业师资培训既不能达到较高的质量标准，也无法满足不断膨胀的创业教育师资需求。解决这一问题的根本在于构建系统化的创业学学位体系。通过创业学学位体系培育大批创业教育师资，迅速提高创业师资的素养，达到提升创业教育质量的目标。

创业学学科的发展和创业学学位的设立，不仅有利于吸引优秀的企业与管理人才加入创业研究的阵营，提高创业研究的质量与效果，而且有助于创业师资的长期发展，形成师资供给的良性循环。近年来，我国在创业学学位体系建设方面已经取得初步成效，有的高校已经设立了本科阶段的创业学学位，甚至出现了创业学的硕士学位和博士学位。但现有的教育资源远远无法满足创业教育的教学需求，必须继续加大创业学学位体系的建设力度。有条件的高校必须加强创业学学位建设，有计划、有步骤地开发创业课程，逐步设立完整的创业学学士学位、硕士学位、博士学位培养体系。

2. 提升"双师型"教师培养力度

加大"双师型"创业师资培养力度，必须保障充足的培训资金和合理的师资培训平台。各高校应设立专门的创业师资培训基金，吸引资金赞助。以产学研为依托，将高校的知识优势与企业的实际操作优势相结合，制订校企合作师资培训计划。培训内容要以企业管理、项目运营、危机处理为核心，强调师资的创业感受与体验，提升师资的创业认知。此外，高校还应逐步制定"双师型"职称认定制度，积极引入具备"双师型"条件的创业人才。

在"双师型"创业师资培养过程中，还应秉持以下原则：尊重师资职业发展意愿的原则；师资专业领域与企业领域相匹配原则；兼顾高校与企业双方利益原则；理论与实践相协调原则。

3. 拓展创业师资培训渠道

政府可以开展"千人创业师资项目"等培训项目，大力推进创业师资培训工作。高校在经过10余年的创业教育发展历程后，已经积累了相当的师资培训经验，形成了一定数量的优秀创业教育团队和创业研究团队。未来高校可以尝试将市场竞争机制引入高校创业师资培训，增强高校在师资培训方面的主动性，提供多样化的培养方案。培训过程要着重开展体验式、活动式的培训方法，在改善教师创业知识结构的同时，更要提升教师的创业能力。

培训渠道要与相关国际机构结合。有条件的高校应当有目的地选拔部分优秀教师参与国际上声誉较好的师资培训项目，学习先进的培训理论和内容，了解国际创业教育的前沿动态。除了参与创业师资培训外，鼓励并支持教师参与创业教育国际交流，与世界顶尖学者充分沟通，吸收先进的经验，促进浙江省高校创业教育理念和方法的发展。

4. 构建创业学习平台

建立创业网络学习平台，加强经验交流与资源共享。尝试在区域层面建立统一的创业学习网络虚拟平台，鼓励各所高校潜心学习、研究、借鉴各种培养模式，拓展创业教育师资培养渠道。

（五）组建适应区域发展的创业师资

1. 适应区域市场发展的师资培养导向

金融危机之后，世界产业格局体现出两大特征：一是国际产业转移向纵深进行；二是新兴产业的重要性日益凸显。区域产业结构变化势必引起经济发展重心的转移，必然需要创业者对社会环境的变化保持高度敏感。创业师资培养，必须考虑到区域未来市场发展需求，基于"三二一"的产业格局，调整专业"双师型"创业师资的培育重点。尤其要注重结合各地区的重点发展产业带的产业需求。

2. 利用区域企业优势选聘企业师资

在创业定位上，高校创业教育主要面向中小企业。各高校要充分利用区域优势，尤其要结合不同区域的企业优势选聘企业师资。

以浙江省为例，浙江已经形成四大经济发展模式。民营经济为主，公有经济为辅的"温州模式"；变小公有经济为民营经济的"杭州模式"；国有、集体、民营、外资经济四轮驱动、混合发展的"宁波模式"；以及市场先发、商贸主导的"义乌模式"。其中，区域性与国际性并存是义乌中小企业的一个显著特征。该地区拥有全球领先的小商品批发市场和遍布世界的商贸经销网络，以及由此带来的巨大商流、物流、资金流和信息流。十多个本土企业的销售范围涉及中东、欧美等多个国家。伴随中小企业成长起来的本土企业家，不乏国际化的视野和气魄，是最佳的创业师资来源。高校要充分利用区域企业所能提供的企业家优势，采取多种措施，吸引企业家参与创业教学。

在高校与企业之间建立长期的、制度化的合作机制，力求在师资训练、专业互助、产业转化、资金、创业咨询等方面达成共识。重点强调学术型教师参与挂职，深入高新技术企业体验创业过程，研究创业案例，提高创业能力。

3. 运用产业集群开展师资培训

产业集群是一组在地理上靠近的相互联系的公司关联机构，它们同处或相关于一个特定的产业领域，由于具有共性和互补性而联系在一起。其主要特征表现为：第一，相关产业在空间上高度聚集，形成网络化的空间联系；第二，集群内核心产业与辅助产业相互促进、学习、竞争与合作的经济功能联系。

产业集群的产生为创业师资培育带来了极大便利。一方面各产业呈块状分布，高校教师可以依据产业分布，划分不同专业的师资培训模块，提升不同专业师资培训的区分度。另一方面，产业集群的集聚标志着相同企业专家的集聚，企业家资源的集聚标志着知识集聚，为同类师资培训提供了大量知识与技术支持。

我国不乏结构完善、资源充足的产业集群。政府和高校可以发挥其在创业师资培训中的统领作用，分专业、分模块、分区域统一开展高校创业师资培训。

第三节 制度保障体系

一、学校制度保障体系

创业精神的培养不一定要从大学生开始，可以从孩子抓起，逐渐培养其创新创业意识。但是大学期间由于大多数学生已经成年，所以能够更好、更容易理解创新精神。为了使高校能够为国家培养出更多优秀的人才及企业家，建立创业教育的制度保障体系意义重大。

（一）转变教育思想，变"适应性教育"为"创造性教育"

"适应性教育"是我国教育的主流形式，不可避免地具有传统教育的一些缺点，长期实行"适应性教育"严重阻碍了学生创新意识的形成，阻碍了教育的创新，这也是我国教育改革必须解决的重要问题之一。只有改变传统的教育观念，给学生创造更多的空间，才有利于培养学生独立思考的意识，形成创业观念，可以与时俱进、打破常规、大胆创新。我国应将创业精神的培养作为教育教学内容，社会发展需要不同的人才，单纯的传统教育已经不能满足社会对创业型人才的需要。所以，高校必须改变传统的人才培养机制，转变传统的毕业就业观念，更多引导学生创业，使学生从单一型人才逐渐向社会需要的复合型人才转变。也就是学校要从"适应性教育"向"创造性教育"过渡，使学生掌握更多的社会技能，能够在社会竞争中得以生存，并取得一定的成功。

（二）学习国外先进经验，启蒙中小学生商业意识，打造创业基础

美国是一个崇尚自力更生的国家，并且其教育方式与我国大为不同。美国的教育更注重实用性教育，注重对孩子商业头脑的培养。美国从幼儿园时期开始就让孩子知道经济的目的以及如何把握经济的自治权，让其模糊地知道这些概念。因此，美国的教育比较开放，创新创业教育体系也十分完善。在美国加利福尼亚州，创业教育是一门基础课程，学校为学生普及金融知识，市场营销方式及投资的方法，积极努力培养企业的"未来经纪人"。法国的某些地区也积极开展创业教育活动，如开展"在中学办企业传授生意理念"等活动，其目的是培养学生对创业的兴趣和意识。根据美国和法国的创业教育活动就可以看出，创业意识的培养至关重要，尤其对学生经济基础商业意识的培养。我国应根据发达国家的创业教育实践，从儿童时期抓起对创业意识的培养，在中小学的课程中适当加入经济学知识，开展商业体验型活动，提高学生的创新兴趣，为未来创业打下坚实的基础。

（三）深化高校教学改革，营造创业教育氛围，构建现代创业教育模式

目前，我国创新精神和创业实践能力的培养是高校教育相对薄弱的一个环节。因此高校应加强教育教学内容的改革，积极营造良好的校园创业教育氛围，建立新型的创业教育模式。高校应开设创业相关课程，如经济学、管理学、心理学、法学、企业管理等，打破学科之间的壁垒，进行交叉学科互补的教学新模式。同时学校应积极营造创业环境，加强学生的创业观念，使学生发展成为社会需要的复合型人才。学校可以开展一些创业相关活动，如"开展创业计划大赛""模拟商业竞赛""模拟营销大赛"等，通过这种形式，使学生能够亲身感受创业的环境与氛围，有利于学生创业意识的培养。学校还应该加强校企之间的合作，让学生能够深入企业去体验，让学生能够在实践中真正意识到创业的过程充

第四章 应用型高校创业教育体系构建的内容

满了挑战。认识企业生存、发展的关键因素,有利于为大学生自主创业提供宝贵的经验。

二、国家政策保障体系

目前,我国的高校就业压力较大,创业渠道相对狭窄,学生的创业意识不强,为了增强学生创业意识,政府应该不断采取鼓励政策,支持大学生创业,为大学生创业提供资金、技术和场地等方面的优惠政策。一部分有创业意识的大学生由于缺乏资金,不能将梦想变为现实,这时需要政府给予优惠政策,提供资金支持。总之,我国应该建立政策保障体系来支持大学生创业。

(一)创业制度宽紧结合,创业政策灵活便捷

我国的创业制度总体来说不够健全,没有实现宽紧有度的结合。政府在创业制度的建设中更多的是依赖经济政策、法律法规来约束创业企业的行为,但是从长远角度来看,这种创业制度不利于企业生存和发展。从整个大的社会环境来看,政府应该建立宽紧有度的创业制度,应该根据创业企业的生存发展需要,合理地调整创业制度,不能过紧,也不能过松,保持适度。如果创业制度过松,容易导致资源的低效配置,严重浪费社会资源,不利于企业的健康发展。另外,如果创业制度过严,如新的企业成立程序过于复杂烦琐,对企业的融资进行严重限制,过多的征税条款容易使企业面临经营困难,使创业者对企业的发展失去信心,损害了创业者的创业热情,最终不利于企业经济效益的实现和长期发展。

在灵活便捷创业政策建立方面,美国灵活的创业政策体系具有借鉴意义。美国的创业环境比较宽松,创业政策较灵活,一个富有创业意识的人,只要你拥有创业的好想法,在不违反市场经济准则的情况下,可以很快地注册公司,并且手续与程序均十分简单。灵活的创业政策,政府在其中的主要职责在于:第一,给予创业者提供资金方面的扶持。美国的小企业创业贷款相对宽松,只要符合条件,企业都可申请,政府职能是帮助他们解决资金方面的问题。第二,政府向创业管理阶层提供咨询服务。政府有责任向创业企业的管理阶层提供市场需求、技术应用等方面的信息,以便促进企业能够更好地发展。第三,创业企业可以获得"公平份额的联邦政府购买"。在美国,最大的消费群体就是联邦政府,联邦政府每年都会向企业购买自己发展所需要的商品和服务,这时,创业企业也可以成为联邦政府提供商品式服务的企业。第四,政府出台一系列有利于中小企业减负的政策,减轻了创业企业的发展负担。第五,健全信用担保问题一直是制约中小

企业发展的重要问题，健全了信用担保体制，有利于满足创业企业的资金需求，为其发展提供了充足的资金保证。第六，政府鼓励创业企业技术创新。技术的创新有利于中小企业在市场中不断改进技术、改善经营管理，是企业生存发展的关键。

总之，美国政府为促进创业，采取了一系列有利于企业发展的政策，不仅在资金技术、信贷等方面支持，更重要的是国家对创业者热情的一种激发。与美国相比，我国的创业政策还不够完善，政府对创业企业的保障制度不够，我国应该借鉴美国的经验，简化创业办理手续、加大创业扶持体系、完善信用担保政策，鼓励创业企业技术创新，使我国政府的创业政策真正实现宽紧有度、灵活便捷。

（二）完善创业法律制度，支持创业事业发展

西方发达国家在促进创业方面采取了诸多措施，其中法律与法规体系的建立有着十分重要的意义。如美国、日本、德国、法国等国家，都是以立法为前提条件，在此基础上制定了保护人民创业的权利的法律，如《投资促进法》《专利法》《投资公司法》等。这些发达国家的经验表明，法律制度和体系的建设有利于为社会创造良好的创业环境，有利于保护创业者的合法权益。

改革开放40多年来，我国政府逐渐认识到法律法规对创业企业的影响。1988年的全国人民代表大会使创业相关的法律法规在《宪法》的修正案中得以通过，我国开始允许个体与私营经济独立发展。1992年，我国颁布了《公司法》，其中提及有关创业创新等相关法律，有利于创业企业的生存和发展。进入21世纪以来，随着经济和科技的快速发展，国家对创业相关法律正在逐渐完善，尤其是国家鼓励大学生创业和农民工返乡创业，并给予一定的支持和相关法律的保障。但是我们要看到，与发达国家相比，我国的创业相关法律法规仍不够完善，政府应该加快建立有利于创新企业发展的相关法律法规，确保创业企业公平、健康、有序地发展。

（三）完善创业风险投资体制，建立创业多元基金来源

创业具有一定的风险，创业资本也可以看作是风险资本，风险资本的融资相对比较困难，尤其是对于刚走出校门，步入社会的大学生群体来说，风险资本的筹集变得难上加难。由于我国的国家信用评价体系尚未确立，企业家对于风投行业热情度不高，风险投资体系本身也存在诸多不够健全的问题，这些就使创业企业的资本融资缺少信用的保障。

美国是较早建立完善风险投资机制的国家，美国高校学生创业的比例较高，

他们的创业资金来源是依靠风险投资者的投资和政府贷款。美国高校学生的创业增大与健全的风险投资体系紧密相连。据我国相关机构的调查数据显示，美国风投企业连年增长，并且增速较快，已有4000余家，并且有约1万个高科技项目获得风险投资。美国的风险投资体系主要体现在两点：一是贷款利率较低，并且企业可以直接申请贷款，贷款条件相对宽松；二是企业可以进行担保贷款，既可以用资产担保，也可以用个人信用进行担保。

随着市场经济不断发展，我国应该不断引入新市场主体，创业企业成为新的存在主体，并可以在经济制度的发展中起到不可或缺的作用。为保证创业环境的公平，我国应学习美国的经验，不断完善创业相关法律法规体系建设。首先，完善中小企业的融资体系，积极发挥小企业及创业企业在我国经济中的作用，建立健全风险投资机制，为创业企业提供资金支持。其次，国家应出台创业相关法律法规，从法律角度维护创业企业的公平竞争，为创业企业的发展建立一个良好的法制环境。最后，对创业企业实施税收优惠政策，不对风险投资企业进行双重征税，建立有效的风险投资企业的退出机制，确保创业企业和风投企业可以实现互利共赢。另外，在资金来源方面，除自己筹措、政府划拨外，还可以信贷、募集、担保抵押，形成多元的创业资金来源渠道，促进创业的发展。

第四节　外部支撑体系

高校创业教育外部支撑体系是对内部体系的有效补充，是整个创业教育体系不可分割的有机组成部分。形成系统和完善的高校创业教育外部支撑体系，有助于推动大学生创业活动顺利开展和我国高校创业教育事业的不断前进。

一、高校创业教育外部支撑体系建设的国际经验

发达国家在高校创业教育外部支撑体系建设方面积累了丰富经验。美国率先形成了一个由良好的师资队伍、充实的课程内容、完善的保障措施组成的涵盖多个教育层次和类别的创业教育体系，其中保障措施主要包括资金、政策法规和社会文化三部分。英国高校积极构建良好的政策环境，拓展资金来源渠道，并将创业教育的开展与区域经济社会发展做到有机结合。新加坡创业教育作为亚洲地区

的典范，值得我们借鉴其在与政府和企业合作方面的成效，注重成果产业化，直接服务于生产。根据发达国家的经验，高校创业教育外部支撑体系建设需要关注创业政策、创业基金、创业文化和创业协作等要素。我们有必要借鉴其在创业政策、创业基金等方面的成功经验，探索符合我国实际需求的高校创业教育外部支撑体系，及其构建的原则、路径与方法。

(一) 政策保障体系

发挥创业教育在现代化经济建设中的作用，关键是要有一套适应高等教育改革与发展的创业教育政策。市场驱动的创业教育模式和政府驱动的创业教育模式，对创业政策内容的需求不同。欧盟与我国相近，其创业教育同样是属于"政府驱动模式"，政府将创业教育作为降低失业率、提升经济活力的重要手段，相继出台系列政策推动创业教育的发展。

随着欧洲一体化进程的加快，欧盟积极推动创业政策的出台和落实。2000年初，欧盟发布《里斯本战略》，提出21世纪头十年的发展目标是将欧盟建设成为"世界上最具竞争力和最具活力的知识经济共同体，保持经济的可持续增长，提供更多、更好的就业机会并使社会更加和谐"，欧盟强调教育作为促进经济增长的政策工具的重要性，教育能够帮助欧盟促进经济增长，尤其是高等学校的创业教育能够促进学生创业意识的提升并实现实质性创业。2003年1月，欧盟委员会发布《欧洲创业绿皮书》，倡导营造创业型社会，使得欧盟创业教育踏上新的台阶。2004年创业行动计划的颁布，提出了加强创业的策略框架及五项促进创业动态发展的措施，其中培养创业意识、激发创业热情是五项措施之一，旨在鼓励人们成为企业家。2006年，欧盟提出"欧洲创业教育的奥斯陆议程"，讨论如何推进创业教育并使之更加系统化，这为欧盟各国开展创业教育提供了指导性框架。2010年欧盟发布的《迈向更大合作和一致性的创业教育》将欧盟创业教育推向新的发展高潮。

欧盟成员国在这些政策的影响下，纷纷构建全国性创业教育战略。各国在发展创业教育的决心和力度方面呈现差异。目前，已有9个国家或地区制定了专门的创业教育战略，分别是英国、芬兰、丹麦、比利时（荷语区）、立陶宛、荷兰、挪威、葡萄牙和瑞典；有8个国家或地区正在计划制定创业教育战略，分别是比利时（法语区）、爱沙尼亚、冰岛、爱尔兰、马耳他、波兰、斯洛文尼亚、西班牙。这些欧盟层面或国家层面的政策报告不仅明确了创业教育的重要性和内涵，也为学校、企业、社会、个人等利益相关者提供建议。《欧盟2020战略》指出,"推动以知识和创新为引擎的智能增长"是欧盟未来发展的三个重点之一。为达此目标,欧洲必须提高教育质量,增强研究能力,促进创新和知识转移。因此,欧盟要加强教育、商业、研究和创新的知识伙伴关系,加强大学、科研院所和商业领域的跨界合作,实施联合项目,这也是当前欧盟创业教育政策的重点所在。

欧盟及其成员国在超国家、国家和次国家三个不同层面上出台了一系列的政策,这些政策从酝酿、萌发、形成、输出、反馈到执行,经历协商、反刍和对话等过程,一步步得到肯定并渐成体系。整体来说,欧盟的创业教育政策体系完整,既涵盖对创业教育本身角色、定位与重要性的厘清,也包含对创业教育中各个主要因素,如师资、课程等的探讨。

欧盟试图通过系列报告、行动计划或绿皮书的出台,指导各成员国开展创业教育。这些国家的创业教育政策和策略受欧盟敦促,在不同程度上建立完备的创业教育保障体系,搭建高校、企业和社区之间的桥梁。从企业层面看,欧盟鼓励企业界人士充分发挥其教育才能,积极参与高校创业教育,支持欧盟潜在创业者的发展;从社区层面看,欧盟提倡构建以培育创业意识为使命的学习型社区,建立地方的创业中心,协助学校和教师开展创业教育,推进教育机构和公司的联系,促进创业者和商业界人士参与学校和大学的创业项目。此外,欧盟各项政策为高校获得经费提供了保障。以英国为例,2010年英国大学生创业委员会和小企业与创业机构联合发布的报告指出,35%的高校能够争取到国家中央政府的基金,42%的高校能够争取到欧盟提供的基金。

由此可见,创业教育政策的完备可以优化创业环境,而创业环境的整体提升又可以促进创业活动及创业教育的开展。因此,科学合理的政策的制定与落实显示出了其独特的重要性。

(二)设立创业基金

由于创业资金得不到充分保障,55.8%的大学生创业者选择启动资金少、容易开业且风险相对较低的创业行业。由此可见,创业资金对大学生创业方向的抉择影响较大。

资金融入的基本手段包括银行贷款、发行股票和债券等。这些常规的商业资金投入对于有些没有经济基础的大学生来说显得不切实际。从家庭关系中获得创业所需资金对于部分大学生来说是可行的,但这种"先天优势"并不能推广到每一个大学生身上。因而,对于一部分大学生群体来说,创业基金的获得与否在很大程度上决定着创业项目是否能够得以启动。可以说,创业基金的可持续发展是深入进行创业活动的驱动因素。

英国"大学萌芽挑战基金"是较早支持大学生创业并关注大学生技能培养的风险投资基金,着眼于弥补大学科技成果转化的资金缺口,解决大学科研成果转化存在的困难,排除研究成果难以产生直接经济效益的障碍,迈出了体现大学研究成果实用性的第一步。大学萌芽挑战基金提供的资助来源于政府和慈善机构两大主体,主要包括维康基金会和盖茨比慈善基金会。

1999年,大学萌芽挑战基金资助牛津大学等15所"萌芽机构"。该基金被牛津大学誉为"常青树基金",有效地促进了牛津大学研究者成功将优秀的研究成果转化为优秀的商业运行。牛津大学成立了专门的投资咨询委员会负责对资金运作进行指导。牛津大学获得的首批大学萌芽挑战基金资助为4000万欧元,其中,获得联合政府2000万欧元,维康基金会和盖茨比慈善基金会2000万欧元,其余部分来自牛津大学自身的经费资助。牛津大学将这些资金投入71个具体项目中,资助额度从2500英镑到25万英镑不等。1999年6月,牛津大学萌芽挑战基金召开了首次投资咨询委员会会议,启动经费为400万欧元。其中,获得英国政府140万欧元,维康基金会和盖茨比慈善基金会160万欧元,牛津大学100万欧元。

可以说美国是创业基金可持续发展的典范。美国之所以会出现硅谷奇迹、128公路劫后重生,离不开政府、校友、风险投资和公益力量提供的基金。以美国最大的基金会之考夫曼基金会为例,早在2002年,考夫曼基金会就至少提供1亿美元用于支持创业,主要用于资助创业者的创业活动、构建天使投资组织网络、促进科学技术发明的商业化运作、资助开展创业实习项目等。

风险投资和天使资本是美国创业活动蓬勃发展的重要动力。截至2000年,美国总共拥有1800多家风险投资公司,它们管理着6500多亿美元的资金。2000年第一季度,美国风险资本家总共向公司投资了227亿美元;与1999年第一季度的62亿美元投资数额相比增长了266%。

美国的天使投资已经有很长的历史,天使投资能量绝对不亚于风险投资。统计资料显示,天使投资资金总量与风险投资的资金总量几乎相等,但是天使投资的创业公司数量则是风险投资的创业公司数量的10倍以上。例如,2007年美国天使投资额为260亿美元,风险投资额为300亿美元;同年天使投资的创业公司总数为57000家,风险投资的创业公司总数为3928家。如果按平均每笔资金量来算，天使投资应该是大部分创业公司的启动资金提供者，而风险投资则是强大的后继者。自2000年成立以来，美国最大的天使投资机构投资了200个公司，耗资1.8亿美元用于科技、生命科学、卫生保健、消费品生产、房地产开发等多项具有潜力的项目，在全世界拥有26个地区的1000多名投资商会员。在全球范围内的成功归功于投资商及其资金源源不断地输入，成熟的创业项目选拔程序、基金退出机制、网络平台建设等都为创业基金的健康运作奠定了可持续发展基础。

创业基金的可持续发展并不是单纯的投资方资金的投入。建立循环机制、退出机制、创投网络化、基金增值等都是创业基金投入使用过程中的重要环节。近几十年来，美国很多创业型公司，如贝尔电话、福特汽车、微软、苹果等公司，正是得到了风险投资和天使资本的援助，以及有经验的投资商的支持，才能茁壮成长并最终成为引领整个行业的企业。

(三) 创业文化氛围

文化作为一种普遍价值观，对创业活动具有重要影响。早在1968年就有学者通过研究得出某区域内经济增长速度的不同与创业文化是否得到重视密切相关，其中创业活动作为中间过渡，与前两者都有着正相关关系。塞林教授在其研究中指出，创业是经济成长背后最关键的驱动力，创业正在变得与经济增长和就业率越来越紧密，而发展创业文化将是提升创业活动的首要目标。无论是在发展中国家还是发达国家，尤其是在第三世界国家，提升创业文化将刺激创业企业的产生与成功。

创业文化氛围不仅对启蒙个体创业意识，坚定创业信念以及开展创业活动产生有力的影响，其中创业文化所蕴含的公正平等精神，竞争与合作精神，坚韧不拔的精神，效率意识，风险意识，宽容失败、开放大度、开明大气的精神，求新、求变、求发展的精神，还可以有效地影响创业者、创业组织、社会群体的人格，进而形成一个有利于创业的、既有竞争又有合作的、"和谐"的社会文化大环境。

这点在美国的创业发展过程中得到了印证。众所周知，美国是一个移民国家，文化融合是美国的显著特征。有人认为，美国文化落地生根之时就有创业的种子。美国的创业文化不仅体现在社会文化和民族精神中，还体现在美国高校的日常运转中。随着创业型经济的发展与创业教育重要性的凸显，越来越多的美国高校选择相信创业教育能够对学生的一生产生重要影响，因此也在积极营造良好的创业教育文化氛围。其中最主要的举措是很多高校将创业教育作为全校性事业，将"创业精神"看作每位大学生基础素质所必备。许多高校除了为学生开设传统的课程，还附设了各类创业教育项目，这些创业教育项目涉及面广、内容丰富，几乎涵盖了创业教育的各个方面。这些项目多数是就某一专题展开研究的，例如针对妇女创业设置的创业教育项目，针对创业者领导能力设置的研究项目，针对少数民族创业设置的项目等。专题式的创业教育项目和面向全校的创业课程，形成了美国高校中独特而浓厚的创业文化。

得益于传统文化和校园内无处不在的创业项目，美国很多高校形成了讲创业、想创业、崇尚创业的舆论氛围，引导每一位大学生走向创新、开拓、进取和理性冒险。受这种浓厚的创业文化熏陶，美国高校中参与创业教育的学生比例也在不断增加。调查显示，美国百森商学院、麻省理工学院、康奈尔大学、斯坦福大学、宾夕法尼亚大学接受创业教育的学生比例已经分别达到了70%、15%、20%、15%和10%。

（四）创业协作网络

创业是一项社会活动。创业的成败既受创业者创业素质的影响，也受创业教育的社会客观环境的影响。从广义上看，社会中的创业文化氛围、有关创业和创业教育的政策、创业融资都是社会客观环境的一部分；从狭义上看，创业教育的社会客观环境是指高校与社会组织互动形成的联系网络，一般包括企业单位、非政府组织、创业培训机构、创业者校友联合会、基金会、科技园等。这些社会组织机构也是创业教育体系中的主力军。

在美国，学校和社会网络的互动发展已经为创业教育的实施提供了一个良好的生态系统。例如，美国中小企业管理局、设在大学内的中小企业发展中心和退休主管服务队就在创业教育社会网络里扮演了重要的角色。它们或者为准备创业和在创业中的个人提供咨询，提供低收费直至免费的技术支援；或者为创业者出谋划策、排忧解难。再如，美国科尔曼创业中心成立于2003年，是为创业教育创设的一个综合型中心，鼓励与社区学院和大学的创业实践者联系，进行创业研究和成功实践，该计划的目标有三个方面：第一，凸显大学生创业作为一种可行的职业选择；第二，为创业者提供成功创业所需的具有前瞻性和实践性的技能和知识；第三，促进学生间学术培训与交流，以及与具有丰富实践经验的企业家进行交流。以社区学院创业协会为例，每年的社区学院创业协会年会，科尔曼基金会都会出资支持学院进行创业教育改革和创新，如2007年共资助73500美元，

15个社区学院获益,堪萨斯州的约翰逊县社区学院,获得5000美元用于家族企业课程的学分和非学分创新混合方案;北卡罗来纳州的海伍德社区学院,获得5000美元用于开发企业家个人访谈的创业视频模块和作为教育培训指南的当地企业家研讨视频模块。

在日本,既存在创业初期投资较少的基础创业,也存在创业准备阶段要大量投入设备的高科技创业。不论哪种形态的创业,制订一个全面合理的创业计划都是非常重要的。对此,日本的众多教育机构(大学研究生院的社会人士课程、公共机关、民间教育机关举办的创业学校、论坛、地方自治体提供的市民讲座、社区学校等)通过各种形式的课程与活动提供给学习者尽可能多的创业信息。此外,民间的非营利机构创业指导中心作为职业生涯指导的重要机构,要在软件方面发挥对创业教育的支持。因而可以说,在推动高校创业教育发展过程中,日本全社会都发挥了重要的作用:政府将创业教育作为日本国家发展的重要课题,共同研究、共同思考、共同行动,扮演着指导者、推动者和协助者的角色,社会方面以企业、公共机构、非营利机构为中心在提供实习基地、风险资金、创业培训、成果转化方面扮演着桥梁的角色,还在提供专业化、一站式咨询、培训、投资、中介等方面发挥着重要的中介作用;高校在探索创业人才培养模式、建设创业实践平台、联络校友资源、开展创业课程研究、培养创业师资方面扮演着实践者的角色。与政府和企业相比,高校是实践创业教育、培养创业人才的核心环节。创业人才培养的关键在于高校在人才培养的模式观念转变、课程活动设置、师资合理配置、质量评价监督、校园文化建设等核心环节的把握。

目前,加强高校和企业等社会其他组织的联系,争取形成稳定、合作、高效的网络已经成为一种发展趋势。在印度,大学正争取与企业在农业、化学、医学、食品加工、纺织、信息、生物技术等方面达成合作,并形成工业群集,以达到更高的创业效益。

高校与商业界、工业界及其他社会领域的协作历来也是高校创业教育评价的重要维度。2011年,商业咨询公司发布《创业教育支持指标研究报告》,报告从策略、资源、基础设施、教与学、外延拓展与发展六个维度对创业教育进行评价。其中,资源与外延拓展两大维度均强调了高校与社会其他利益相关机构合作的重要性。2010年,欧盟企业及工业总署以"积木"为概念,提供更有力的创业教育操作与产出指标。"积木"概念是指不同的利益相关者作为"木块",在不同的创业教育生态系统发展阶段各居其位发挥作用,组成"积木",其中特别强调企业和私人协会、组织的系统参与。

高校不仅要积极搭建与外部的联系,更要成为这个协作关系网络中的中心。

世界经济论坛在 2011 年关于创业能力的报告中指出,高校创业教育是一个生态体系,体系的核心是学生的发展,包括其创业态度的坚定、创业能力的提升和创业行为的恰当。创业在多元的利益相关者纷纷扮演关键角色的这样一个体系中能够得到长足发展,这点在硅谷、波士顿地区和世界上其他创业发达的地区得到了体现。在塑造青年人的态度、能力和行为方面,学术机构(高校)是关键的一股力量。教育机构,尤其是高等教育层面的教育机构,通过充当创新和研究的孵化器,以及研究者、学生、教师、企业和企业家之间展开合作的枢纽,在生态系统中扮演着知识中心的关键角色。

欧盟积极倡导不同主体在创业协作网络中发挥关键作用,并将高校作为该协作网络的主要和关键角色。为促进不同角色在创业教育体系中的和谐与合作,欧盟企业及工业总署曾提出"促进创业教育和谐与合作发展的发展模型"。该模型提供了设置优先级行动的概念框架,明确了不同利益相关者的正确站位。模型以国家策略和框架、教师、学校、企业和私人机构为建构模型时所需要考虑的主要构成元素。

总的来说,欧美国家在文化引领、政策保障、基金支持和社会协作方面发展较为成熟和均衡,这种成熟和均衡主要体现为通过利用传统文化优势,倡导美国梦等文化理念,推广全校性创业教育等模式点燃青年人创业理想和激情;加强不同层面创业政策的连续性与可操作性,切实面向和满足高校创业学生需求以促进大学生的创业实践,保障高校大学生创业活动;发展多元化的基金,谋求基金的可持续发展,完善创业基金的循环机制与退出机制以支持大学生创业活动;社会不同组织"积木"式各居其位,各司其职,形成网络配合高校实施创业教育。从而形成具有推动国家经济发展、促进社会繁荣稳定能力的高校创业教育支撑体系。

事实上,这四者在创业教育过程中是融为一体的。它们具有目标一致性,并且每一个因素的完善都离不开其他因素的支持与配合。例如,创业基金的可持续发展离不开政府的资金政策支持,创业基金的来源多元化离不开企业、银行、私人的配合,更离不开认可创业、崇尚创业的社会风气,只有当这四者互相协调、共同促进,创业教育才能得到长足的发展。

二、我国高校创业教育外部支撑体系发展现状

自从1998年清华大学科技创业者协会引入创业竞赛模式，成功举办我国首次创业计划大赛以来，我国高校创业教育事业呈现出蓬勃发展之势。然而，由于受到多种因素的影响，高校创业教育外部支撑体系的构建还面临着诸多现实困境。

高校创业教育外部支撑体系的构建需要考虑到该体系构建的供应方意见和需求方意见。高校、政府及其他社会组织是该体系构建的供应方，而高校大学生是主要的需求方。只有兼顾双方才能正确并顺利地建构该体系，缓解供需矛盾。因此，本书选取了若干高校创业教育负责人、专业师资和研究学者，以及创业成功的大学生、正准备创业的大学生和正接受创业教育的大学生作为访谈对象，本次访谈均采用半结构访谈方法。在吸收创业投资者、创业教育专门师资、不同类型创业学生等相关利益者对高校创业教育外部支撑体系发展现状所提出的合理建议的基础上进行分析。

（一）亟须完善的创业政策

在将轴心节点进行数节点关联之后，运用 NVivo 的模型功能将创业政策这一轴心节点的核心进行可视化呈现，具体如图4-6所示。

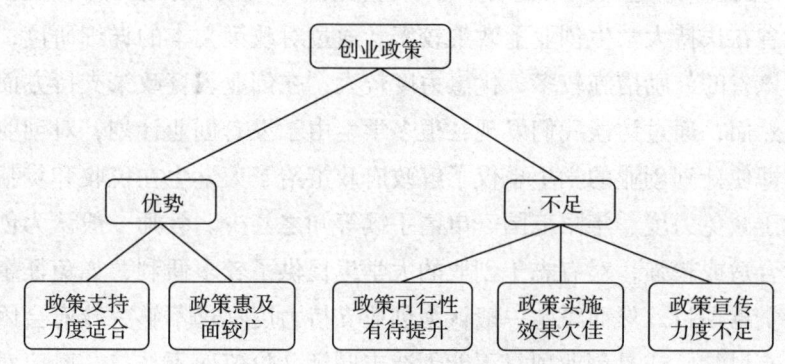

图4-6 创业政策现状

创业政策这一轴心节点的可视化呈现清晰明确地勾勒了当前创业政策的发展现状：具有一定的优势，然而也面临可行性不足、效果较差、宣传力度小等问题。这些问题在不同的省份都有不同程度的映射。下文将以两个省份的创业政策

为例，分析我国创业政策实施效果不佳的现实原因。

（1）广东省近年来相继出台了《关于贯彻落实〈广东省人民政府办公厅关于促进普通高等学校毕业生就业工作的通知〉的意见》《关于鼓励创业带动就业工作的意见》《关于进一步做好小额担保贷款推动创业促就业工作的通知》等创业政策。此外，自 2009 年开始，广东省财政每年安排 5000 万元专项资金，支持科技型中小企业发展，其中大学生创业项目作为重点支持专项，也被列入支持项目。另外，广州、深圳、佛山、东莞、中山等城市也分别在部分免费服务、申请小额贷款、财政贴息贷款、成立创业园、享有社会保险补贴，高校毕业生自主创业咨询的服务、相关登记、证件费用减免等方面给予了优惠政策。然而，创业政策之间不成体系，没有形成良好的联动与配合效应，加之存在成果转化等方面的政策空白，广州这一经济大省的学生创业率并不高。

（2）再以浙江省为例，关于创业教育的微观政策在各地市、各高校都存在差异，宏观的引导性政策可以追溯到 21 世纪初。2000 年，浙江省制定颁布了《浙江省教育现代化建设纲要（2000~2020 年）》，其中明确指出，高等教育要重视培养大学生的创新能力、实践能力和创业精神，在随后的 2001 年，《浙江省教育事业发展"十五"计划》提出"转变教育思想、教育观念，改革教学方法，采取多种形式培养学生的创新意识、创新能力、创业精神和实践能力"，创业精神的培养再一次得到强调。这些政策为后来各项创业教育事业的开展指明了方向。

浙江省在扶持大学生创业上政策较密。通过对政策文本的详细研读，我们可以发现，该省的鼓励措施较多，优惠力度较大，在创业教育政策支持方面走在我国前列。然而，通过访谈我们发现，很多学生由于没有创业计划，对创业政策关心不够，即使计划创业的学生也仅了解政府政策给予大学生在税收和贷款方面的优惠，对于减免力度、年限范围、申请手续等知之甚少。教师一般认为创业政策扶持力度合适或较强，对有志于创业的大学生提供了较多便利，如免征企业所得税和支持贷款项目。然而学生一般认为创业支持力度远远不够，政府会因为某些创业项目有风险，或是创业项目不能创造丰厚社会价值而不扶持，政府对知识产权的政策不够明朗等。这从另一个侧面反映出创业政策在潜在创业学生群体中的宣传力度不够。

（二）褒贬不一的创业基金

在将轴心节点进行数节点关联之后，运用 NVivo 的模型功能将创业基金这一轴心节点的核心进行可视化呈现，具体如图 4-7 所示。

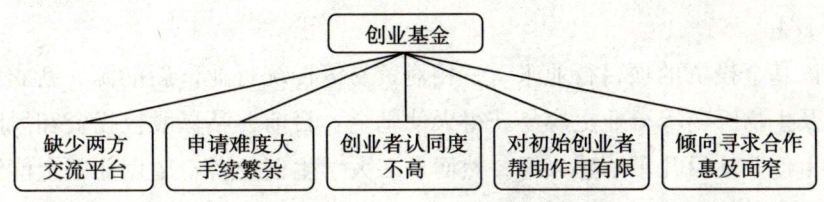

图 4-7　创业基金现状

图 4-7 体现出目前创业基金的发展现状：由于申请难度较高、认同度低以及基金提供方与申请方信息不对称等原因，导致创业基金发展面临窘境。

因申请创业基金的门槛较高，大学生对其认同度较低。相比于创业政策，访谈者体会到受访者对创业基金更为陌生，较多人表示对创业基金只有间接地了解，只能说出创业基金的主要功能，而对于创业基金的种类、申请流程和成功概率等了解不足。这从一个角度说明了目前创业基金的市场覆盖面不大，支持大学生创业的项目并不广泛多见。另外，学生对创业基金已经形成一种共识：基金的利益导向非常明显。即使是天使基金，在大学生中口碑也并不好，他们往往认为申请这些基金门槛较高，通常是互联网领域中有较好创业前景与潜力，或者是该行业即将迎来行业高峰的项目才会得到创业基金的青睐。

以浙江省为例，目前活跃度较高、知名度较广的创业基金主要有浙江省青年创业就业基金、浙江省大学生科技创新基金、西湖—星巢天使投资基金等。浙江省不同地区都有出台相关政策，提供创业资金，一些高校也与企业建立合作关系，获得部分资金支持。综观浙江省的创业基金，我们可以发现较多的创业基金具有一些共同之处：一方面是官方色彩浓厚，缺乏市场活力，大部分创业基金受政府和党委、团委管辖，相比较而言，市场气息不浓；另一方面是起点较高，偏爱高科技研究型创业项目，普通项目难以获得创业基金的青睐。

上海市大学生科技创业基金会是目前全国最大的扶持大学生创业的天使机构。自 2006 年成立以来，一直秉承"鼓励创新创业，完善创新环境；推动成果转化，促进教育改革；激发创新潜能，造就创新人才"的宗旨，运用专业化团队，汇聚社会资源，在创业文化、创业研究、创业教育、创业项目等领域开展重点工作。通过"创业雏鹰计划"和"创业雄鹰计划"，目前已经资助创业项目 700 余项。该基金允许在校生和毕业五年内的学生申请，700 余项的天使基金难以满足众多创业团队的资金需求。据该基金会官方统计，目前资助项目不到受理项目的1/4。

从该基金投资的项目行业来看，相对贸易等传统行业，新能源、新农业、新材料以及生物医药等行业更容易获得天使基金。目前，私募股权投资和风险投资对大学生创业项目几乎不感兴趣，然而众多大学生创业者希望创业基金能够降低门槛，兼顾科技创业与非科技创业，互联网领域与传统领域。

总之，目前创业基金的发展境遇不尽如人意。创业基金与大学生创业团队之间存在着无形的障碍，譬如大学生创业者对创业基金的途径与申请流程不熟悉，对创业基金的价值认同度小，创业基金的市场活力尚有提高的空间，创业项目的档次和水平与创业基金的准入条件不匹配等。无论是政府、高校还是创投，都应该去思考如何打破"瓶颈"，为大学生创业团队提供更多机遇。

（三）优劣并存的创业文化

在将轴心节点进行数节点关联之后，运用NVivo的模型功能将创业氛围这一轴心节点的核心进行可视化呈现，具体如图4-8所示。

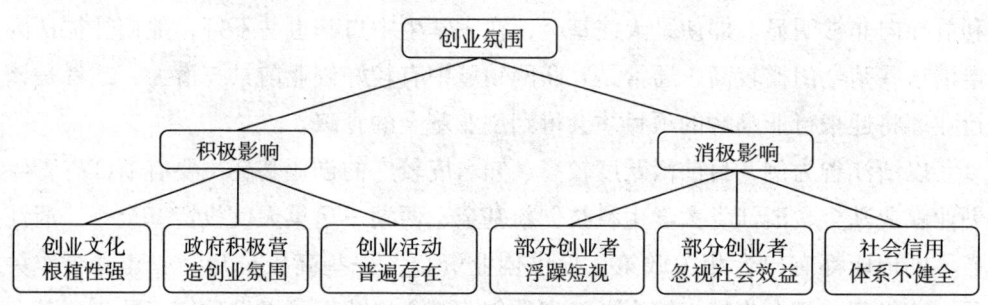

图4-8 创业氛围现状

创业文化氛围的浓郁主要体现在创业传统的积淀、开放创新的观念、自力更生的民企和政府政策的支持。此外，也有少部分受访者谈到资金扶持和创业孵化支持是创业文化氛围浓郁的重要因素。从访谈材料中，我们也可以发现创业文化氛围的现实障碍包括：较多的大学生创业将视野锁定和局限在物质层面，注重个人收益，忽视社会效益；创业项目缺少技术支撑，创业总体水平较低也给整个文化氛围降低了层次；社会信用体系不够健全，知识产权保护力度不够。

目前创业文化氛围对创业教育体系的构建与高校创业教育发展的支撑作用并没有达到最大效益。整个社会对创业的风险性不能认同，对创业的认知严重不足。相较于稳定安逸的公务员岗位，众多的家长和学生都不会将创业作为毕业后的选择。据统计，高校学生对公务员岗位十分热衷，国家公务员报考人数从2003年的不到9万猛增至2013年的112万。整个社会过多鼓励成功，不提倡对失败的容忍。而创新与创业意味着"创造性破坏"，承受风险与遭遇失败是"兵家常事"。一面是创业的风险和艰辛，一面是公务员的稳定和权力，一冷一热现象背后便可对当下盛行的社会观念略窥一二。

我国传统文化强调"学而优则仕"，而商人的社会地位不高。《管子》一书中就记载着春秋时期齐国军事家、政治家和思想家管仲及管仲学派关于"四民"的言行事迹，将商排在四民中的末位。世人对商人的贬低在传统文化现象中也俯拾即是，"无商不奸""见利忘义""唯利是图""商人重利轻别离""老大嫁作商人妇"等文学语言表达出抑商思想。不过，不同地区受到这种文化影响的程度不尽相同。如华东部分地区相比于其他地区，较早地冲出了这种传统文化的桎梏。尤其是改革开放以来，以温州为代表的浙南"艺商"在人多地少、抢工分的历史时期下，漂泊他乡的浙南人搭建了一个民间自发的遍及全国的小商品、大市场，直接在生产者和消费者之间建立起一个无孔不入的流通网络，活跃了整个小商品市场。然而，在现代社会发展进程中，区域型的创业文化与商业精神并没有辐射到更广泛的范围，譬如有"丝绸之府，鱼米之乡"之美誉的浙北地区，以享乐和安逸为代表的地区文化在一定程度上阻碍了奋斗拼搏的创业商业文化的发展。

校园是大学生学习与生活的主要场所，校园文化对大学生价值观的形成具有重要意义。校园文化是以校园为空间，以育人为导向的精神环境和文化氛围，如学校建筑景观、校史校歌校训、学生活动等。校园文化潜移默化地影响着大学生的世界观、人生观。完善校园文化建设，引导形成团结合作、开拓进取、乐于奉献、鼓励创新和容忍失败的文化氛围将有助于校园创业文化的建设。校园创业文化是校园文化中有关于创新创业活动的有机部分，包含创业物质文化、创业行为文化、创业制度文化和创业精神文化四个部分，对于塑造主体追求创新的品格、促进主体的社会化、培养主体富于开拓的精神风貌以及健全积极的心理、培育主体的风险承担意识、增强主体的社会责任感等方面都有着独到的作用，对于培养主体的创业精神、创业意识、创业能力更是有着不可替代的作用。然而，我国高校并未充分认识到这一点，校区的物质建设往往考虑实用性较多，考虑文化性较少。校园文化的建设也往往处于高校治理中极易被忽视的边缘区域。

总的来说,东部沿海部分省市的创业氛围相比较于其他省份具有天然优势和传统优势,思想开放、敢于接受新鲜事物的创业精神也给这些地区的创业文化氛围奠定了雄厚的社会背景。但从总体上来说,贪图安逸、追求稳定、缺少拼搏精神与吃苦精神的社会文化普遍存在,高校对学校的创业文化氛围重视不够,并且整个社会的诚信度也不尽如人意,这些都不利于全社会创业风气的形成。

(四)有待深入的创业协作

在将轴心节点进行数节点关联之后,运用NVivo的模型功能将创业协作这一轴心节点的核心进行可视化呈现,如图4-9所示。

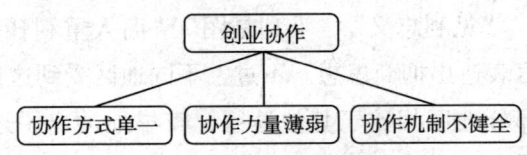

图4-9 创业协作现状

探讨创业协作网络的视角主要集中于高校与企业、高校与政府、高校与校友资源、高校与创业园的协作。目前高校与社会力量之间合作薄弱,没有形成合力,某种程度上来说是有形而无质的合作。

创业教育是一个需要全社会共同参与、社会组织与个体之间合作共存、共生演进的系统。目前高校创业教育已有企业力量的介入,学生一般通过创业讲座、创业沙龙等社团活动,以及暑期见习等途径获得企业资源,但这免不了具有间断性、偶然性和不确定性。相对来说,浙江大学"求是强鹰实践成长计划"采用"师徒行"和"兄弟行"并举的措施,邀请浙江省内外知名企业家和浙江大学十年来走在创业路上最前列的校友,分别担任浙江大学学生创业实践导师(求是强鹰导师)和求是强鹰会员的做法较为成熟,效果明显。但目前这种培养方式和协作方式并未推广到更大范围。

合作形式单一是指目前高校与社会的合作基本以"创业人物进高校"的方式为主,缺少多元的合作模式,在美国和日本比较常见的基金会、NGO与高校的合作在浙江省还尚未崭露头角。如果能充分利用基金会的资金资源和的人力物力资源,以设立创业基金、建立技术转让机制、设立创业指导中心等形式展开与高校的有机协作,更多的创业大学生将受益,高校创业协作也将上一个台阶。

协作力量弱小是指目前高校与企业、孵化器等的合作还只是零星的、不系统的，并未形成固定的模式或常态的机制。企业与高校的合作一般也仅限于提供实习岗位或邀请企业领导举办校园讲座、沙龙，而且这种合作很大程度上是基于人际关系而形成的。这种往往由高校负责创业教育领域的教师，或创业类社团学生与企业形成的不稳定合作关系，很有可能因为人际关系的紧张或是人事调动等其他原因而破裂。由于协作力量的弱小，以及形式的单一，协作机制的建立健全恐怕尚需时日。

有的学者概括我国当下高校创业教育整体上面临的问题有校外热，校内冷；课外热，课内冷；研究热，实践冷；氛围热，教师冷；外在压力多，内在动力少；社会价值多，教育价值少；文件多，实施少。"几多几少"与"几热几冷"深入浅出地描绘了当下创业教育面临的窘境。综观对高校创业教育外部支撑体系发展现状的研究，高校创业教育所遭遇的困难本身具有复杂性。

可见，创业政策、创业基金等不同高校创业教育外部支撑体系的维度面临着各自不同的困难，然而高校大学生创业项目的低端取向给整个体系造成了巨大的影响。由于高校大学生的创业项目多选择教育培训、餐点饮品、书报快递等生活类行业，很难体现大学生的素养与特色；创业文化氛围不浓，从而削弱了创业文化氛围对创业活动的反哺效果；高校大学生创业项目低端化，还体现在科技与创新含量少、社会回报小、项目生命力不强等方面，难以博得政府、企业和投资人的青睐。这也是造成当下创业基金活跃度不足，政府政策与现实需求之间产生距离等问题的关键因素。

三、高校创业教育外部支撑体系的构建

依据高校创业教育事业发展趋势，高校大学生对其创业活动扶持的需求以及国际经验，我国高校应当建立具有三重目标，能够发挥三元主体和二维内容作用，并且各主体间互相协作的高校创业教育外部支撑体系，这对推动高校创业教育的发展具有重要的现实意义。

（一）建立三重目标

高校创业教育外部支撑体系的目标是多重的。

从宏观上看，作为整个高校创业教育体系的一部分，高校外部支撑体系的目标要与整个高校创业教育体系的目标保持高度一致。体系的构建与完善旨在推动创业教育自身发展并缓和我国高校创业教育供需矛盾，充分发挥创业教育在新的

历史时期下特有的教育价值、经济价值和社会价值，助力创业型大学和创新型社会的建设，缓解和克服产业转型升级带来的问题，以及民营企业创新力不足、人口老龄化等诸多现实社会发展问题。

在中观层面，高校外部支撑系统的构建需要明确参与角色的主次关系，解决矛盾的主体力量与客体力量。在高校创业教育外部支撑体系构建中，主要参与者是高校、政府和市场。高校创业教育外部支撑体系是围绕依据高校需求、为高校服务的，因而高校必定是该体系的主体；在公共治理视野下，转变政府角色已成为许多国家高教管理改革的重要内容，政府应该成为为高校创业教育保驾护航的使者与坚实的后盾力量；高校创业教育的市场导向要求我们的创业教育外部支撑体系必须要和市场保持良好的共生关系，应该将市场视为高校创业教育的伙伴。因此，在高校创业教育外部支撑体系的构建过程中必须坚持以高校为主体，以政府为后盾，以市场为伙伴，形成合力，协同创新。

从微观上说，高校外部支撑体系的目标是体系中各个要素的协调发展。根据对国内外经验的分析，目前创业文化氛围还需要进一步营造和优化，发挥社会文化的引领作用；在创业政策制定与维度上，尚需进一步减少大学生获取政策支持的障碍；在创业基金方面，需要走出其对大部分大学生创业项目与团队来说"近在咫尺却难以获得"的尴尬境地；在协作网络的建设上，建立适切的机制，满足各方需求，协同创新，共同致力于将知识技术转化为社会资本。因而，当前微观意义上的目标应该是构建具有"创业文化转浓郁、创业政策减障碍、创业基金添活力、协作网络建机制"等特征的高校外部支撑体系。

1. 三元主体

大到整个创业教育的发展，小到高校创业教育外部支撑体系的构建，都离不开高校、政府与市场这三个主要角色。其中，高校是实施主体，政府是责任主体，市场是供给主体。

高等教育机构是培养人才，为社会输送人才的重要部门，培养创业者和具有创业精神的大学生是高校在世界发展新形势下的天职。高校是创业教育的实施主体，应该掌握创业教育发展的主动权，在完善创业教育师资、课程等内部系统工作的同时，主动承担高校创业教育外部支撑体系构建的组织工作。高校承担这方面的责任还具有天然优势，师、生、课程作为创业教育教学的主要元素都来源于高校，高校自然是高校创业教育内部体系的主体，这种双主体身份能够大大加强高校工作的能动性和高效性。

政府通过政策与资金支持等途径为高校创业教育提供有力保障，进而成为责任主体。显然，如果没有政府长期支持而光靠市场经济的推动，高校创业教育的普及和成效恐怕都要大打折扣。政府的这种支持一般包括政策倾斜、税费减免、基础建设、环境营造等，如果说高校为创业者埋下了创业的种子，那么政府就为这颗种子的出土和成长营造了一个温室。诚然如此，政府并不能代替高校在创业教育外部支撑体系中的角色。因为关于政府职能边界的理论研究表明，政府应该提供那些市场失灵无法有效提供的，但对社会有益的、必需的产品和服务。这种产品和服务体现在教育、医疗、住房等诸多方面，任何一国的政府对创业教育的支持力度都是很有限的，特别是在大众化高等教育规模迅速膨胀、高等教育经费紧张的情况下，政府在满足正常的高等教育发展方面都有点力不从心，创业教育想获得更多的政府支持是很难的。这表明，政府在高校创业教育外部支撑体系中应该充当大学生创业者的"监护人"，提供创业者一个适合创业、鼓励创业的温室环境并为大学生的创业活动保驾护航，从管理者走向服务者，从台前走向幕后，从创业教育的主政者走向创业教育基础设施的建设者、创业信息交流平台的搭建者。

市场导向是创业教育与创业活动的显著特征，市场是高校创业教育的供给主体。大学生创业活动是一种市场行为，只有敏锐地捕捉到市场的需求才有可能取得创业活动的成功。可见，高校创业教育活动的展开不能和市场方向背道而驰，高校创业教育外部支撑体系的构建也不能失去市场的活力。企业、基金会、NGO等是高校创业教育外部支撑体系中与市场结合最为紧密的组织机构。市场所蕴藏的资源是巨大的，一方面，高校要利用企业资源，与企业建立密切联系，谋求与优秀企业在人力（企业导师）、物力（资金与设备、场地等）方面的合作；另一方面，对市场力量的利用也体现在高校对社会可利用资源的充分利用。这类资源包括媒体资源、家长资源、校友资源、各种慈善基金和公益团体等。大学与企业的合作已经让双方受益匪浅，增进大学与企业、NGO等社会机构的合作与交流，形成伙伴关系与双赢局面，在创业教育外部支撑体系构建过程中也将凸显出其价值。

总的来说，根据不同主体的角色，高校创业教育外部支撑体系的建构应力求各个主体身份特征明显、分工有序。以高校为实施主体，以政府为责任主体，以市场为供给主体，形成合力。

2. 两维结构

高校创业教育外部支撑体系应该至少包括以下两个层面。

首先，通过提供稳定的政策保障、多元的基金支持以及营造鼓励创业的文化氛围，为高校创业教育奠定外部环境基础。其次，促进高校、政府和企业间的协同发展，搭建协作网络和平台，促进高校创业教育的有效开展。政策保障体系、创业基金发展、创业文化氛围和创业协作网络四个维度即是在以上两个层面的展开。

高校创业教育外部支撑体系是一个复杂的系统，不仅参与主体多元，涉及的范围广泛，而且主体与内容之间还存在着复杂的对应关系。例如，创业基金的发展，很大程度上依靠着市场，尤其是基金公司和一些私立非营利性机构；创业文化氛围既需要靠政府在全社会范围内鼓励个人奋斗和追逐梦想，也要依靠高校营造讲创业、尚创业、尊创业的校园创业文化，从而形成创业教育的内生文化环境。

（二）形成协作体系

创业教育正面临亟须破解的难题。我国部分省份的创业文化氛围相对来说较为浓郁，但创业文化氛围中的消极因素遏制着高校创业教育的发展。高校中实际创业的学生人数也并不多，许多由学生创办而兴起的企业由于受客观或主观的因素的影响，面临举步维艰的局面；政府出台了不少支持政策，但效果仍不明显。推动大学生创业还需要政府作出更多的努力；创业基金作为大学生创业团队最想获得的支持条件，却让大学生"可望而不可即"。因此，要真正发挥创业教育促进经济发展，维护社会稳定的功能，实现创业教育在教育、经济、社会方面的目标，必须构建高校创业教育外部支撑体系，将社会所有力量拧成一股绳，形成合力。

高校要主动协调创业教育外部支撑体系建设，优化创业教育模式，促进技术转化，营造良好校园创业文化氛围，"反哺"社会发展。创业教育外部支撑体系与内部体系目标是一致的，其建设与完善都是为了促进高校创业教育的发展。首先，高校自身应该营造健康积极的创业文化氛围，自上而下地鼓励大学生创业：团委、学生工作部、就业指导中心等职能部门加强创业教育活动的宣传力度，指导学生创业类社团的健康成长，倡导在校园内形成"讲创业、要创业、能创业"的文化氛围，共同助推大学生创业；主动营造鼓励尝试、尊重冒险、不以失败为耻的社会舆论氛围，使更多的大学生放下顾虑，选择创业作为事业。其次，高校应该积极挖掘和拓展政府及市场资源，努力建设前瞻性的创业教育，"反哺"社会，走向良性发展。高校与外部力量努力构建创业教育不同层面的协作，如创业基金的设立、创业课程的合作、创业师资的"1+1"配置、创新创业奖学金的设立等。最后，设立技术转移办公室，一方面鼓励提升大学生创业项目水平和科技含量，将具有市场前景的创新项目的技术转化，发展为创业项目；另一方面加强对知识产权的管理，保护师生利益。

政府应该充当高校创业教育发展的后盾，完善政策长效机制。目前，我国政府高度重视创业教育作用，制定相关创业政策、税收政策，提供创业基金和场地，鼓励和推动大学生创业。中国高校创业教育尚处于上升阶段，持续与有力的政府支持显得格外重要。政府要围绕以下几个方面为创业教育的蓬勃发展铺平道路：实现从管理到服务的职能转变；引导积极社会创业文化氛围的形成；完善创业基础设施投资建设；加强相关税收、资金与信用制度建设；提供足够的创业项目经费；建设省、市、校三级联动机制。

市场是高校创业教育的伙伴，应该努力营造良性社会创业环境，开放企业与其他各类资源，降低创业基金门槛，推动创业项目尖端化与科技化发展。高校要利用企业资源，有效加强高校与企业之间的联系，使学生真正在市场中"游泳"。

高校创业教育外部支撑体系的构建实际上是高校与政府、市场之间协同创新的过程。高校创业教育外部支撑体系的构建关键是如何保障高校、政府和市场力量既各司其职，独立发挥原有作用，又互相配合，创造新质。只有坚持目标趋同，鼓励能量互补，强调运作配合，才能真正促进企业、大学、社会力量发挥各自优势，整合互补性资源，实现各方的优势互补，才能实现协同创新，实现收益共享，持续有效促进大学生创业，办好社会需要、学生渴望的创业教育。

第五章　应用型高校创业教育体系构建策略

第一节　建立以实践创业为导向的创业教育课程体系

建设有中国特色的社会主义现代化的创新型国家,积极开展创新创业教育具有十分重要的现实意义。它不仅是我国高等教育为适应建设创新型国家的必然要求,同时也是促进当代大学生实现人生价值、职业理想,创造社会财富,顺利解决就业问题的一个现实选择。近几年高校内开展创业教育课程蔚然成风,但是创业教育的成效却与我们的愿望相差甚远,其原因是多方面的,其中我国高校的创业教育课程的体系设计缺失是关键因素。

我国的大部分高校在现阶段或多或少均开设有创业教育课程,但这些课程基本上都不是必修课,都是以公共选修课的形式存在。课程的开设、教材的选择有非常大的随意性,不仅没有进行学科规范建设,没有制定出适合不同层次学生的教学大纲,对创业教育本身也缺乏相应的研究。我国创业教育现状的突出特点就是,我国现行的创业教育课程,基本上集中在对相关创业知识的理论性讲授,而创业教育的特殊性决定了创业教育是需要实践训练的,没有实践环节的创业教育课程注定是没有生命力的,所以我们应尽快构建一个科学的、完整的、基于实践导向的高校创业教育课程体系。该体系应该由课程目标、课程设置和课程评价策略三大部分来综合显示,这三个部分组成一个完整的系统,使得创业教育的教学活动在各层面上有序、高效地操作。

一、课程目标

教育的目标是依据学生成长成才需要和经济社会发展需要来决定的。考察当今社会的发展趋势，高校创业教育的目标应该符合和遵循社会发展的规律。教育目标是进行课程设置的前提，是进行课程评价的基础，所以制定符合社会发展规律的高校创业教育目标迫在眉睫。考虑到时代的深刻变革，社会价值观的飞速发展和多元化以及鲜明的时代特色，制定高校创业教育的总体目标是培养具有创新意识和企业家精神的多元化高素质人才。注重培养学生的创新意识、责任意识和团队意识，应努力让学生具备创业的内在原动力、创造企业的神圣感和使命感，努力提高学生创业技能和经营管理能力，努力培养学生百折不挠的心理品质和社会适应能力。

依据本杰明·布鲁姆的理论，高校创业教育的目标可以按照以下三个层次来进行解读。

1. 认知目标

从认知目标层面考量创业教育，就应该是要求学生熟练掌握与创业有关的知识和概念，如创建企业的基本准则、市场营销的基本概念和技巧、财务会计基本知识、国家现行的有关政策法规、案例分析以及人文社会知识和现代科技知识等。创业者还应该能够独自撰写商业计划书、融资报告等商务文件。创业者的知识储备决定着创业者自身的行动方向和可持续发展的潜力，创业知识与概念也是在进行创业前的准备过程中必须认真吸收和消化的。

2. 情感目标

好知者不如乐知者，做事情只有投入了自己的全部情感才会成功。只有当学生对创业产生了浓厚兴趣，有强烈的内在需求时，这样的创业者才能称为真正的创业者。所以创业教育应该让学生明确创业动机，能够梳理和架构起自己的创业理想和创业信念，能够根据自己的专业专长、兴趣爱好来科学合理地规划自己的创业意向。应该通过创业教育能够让学生独立思考，让他们通过创业实践活动来体验财富创造过程的乐趣和责任，从而让他们能够自觉追求知识的完善和思维的成熟。创业者应在创业过程中具备近乎盲目的自信心和百折不挠的意志力，能够保持清醒的头脑，善于控制情绪，始终具有乐观的心态并能够影响身边的团队和伙伴，具备诚实守信、斗志旺盛、精力充沛等一系列优秀的特征。

3. 操作技巧目标

学以致用，知行合一。教育的目的就是让人掌握并运用知识。我们要求学生能够把创业教材上学到的创业理论知识运用到实践上来，不但要想创业、敢创业，还要能创业。学生应通过创业教育能够综合运用有关的知识包括策划、调研、财务、管理等知识独立完成创业计划书的制作；能够在实践过程中运用基本的创业学原理，创造性地解决创业实践过程中所遇到的实际问题；要求学生不但具备创业知识，更应具有创业能力。创业能力是指创业者在创业的过程中，保证创业活动能够顺利进行的技能与本领，这种能力包括了获取与分析市场信息数据并能够合理利用的能力、创新能力、沟通协调能力、团队合作能力、经营管理能力和科学决策判读能力。通过创业教育，创业者在创业实践中应能够对独立开展工作具有强烈的信心，在困难面前表现出积极和乐观以及强烈的挑战性，善于与他人交往与合作。

二、课程设置

创业教育课是进行创业教育的主要载体，是实现创业教育目标的主要手段。高校创业教育课程可以设置为两个部分，即创业理论课程和创业实践课程。

1. 理论课程

创业理论课程主要有必修课、选修课和专业渗透三种形式。必修课是基础，在创业教育课程中，必须要设置必修课，在课堂上来系统地讲授创业的基本知识，培育学生的创业情感。通过必修课让学生了解创业的基本知识和流程，如创业计划书的撰写、商机的发现与发掘、市场调研、新公司的建立开办流程、市场营销、人力资源管理、财务管理等相关内容。因为选修课是学生根据自己的兴趣爱好来选择的，并具有一定的随意性，所以在创业选修课的开设上，学校应提前做充分的调研，在此基础上做好规划和引导，满足学生的多元化发展需要，这类课程一般包括领导学、市场调研方法、公共关系、融资技巧、谈判技巧、电子商务、管理学、广告学、税务制度、知识产权保护等内容。学生可以根据自己的兴趣或者创业实践的方向来选择相应的课程，通过学习来拓宽相关的知识面，加深学生相关创业知识的积累，提升学生综合素质，为创业实践打下坚实的基础。专业渗透是指在专业教育的过程中加入创业教育的内容，在现有的各专业课程中加入创业教育的思想和元素，如在专业教材中以补充阅读的形式加入一些有关本专业的创业成功案例以及本专业的前沿创业方向等，这将潜移默化地培养学生的创业意识。通过这些的设计，不断教育和引导大学生勇于创新、敢于创业，潜移默化地培养其创新意识和创业品质，并不断提升学生个人的综合素质，在学习和感悟前辈们的创业案例的同时，感受他们创造财富、变革社会的伟大情操，从而不断增强学生的社会责任感，不断完整学生的价值判断，在此基础上帮助学生更加深刻地理解创业的含义。

2. 实践课程

创业教育的实施决不能只有课堂上的理论讲授，而必须注重实践环节在创业教育中的特殊而重要的作用。利用创业实践课程和创业实践平台来训练学生的创业能力，通过仿真的创业环境来帮助学生掌握创业理论课上学到创业知识，并能够将这些知识内化成自己的创业能力。因为创业教育的特殊性，创业实践课程应该是创业教育最为重要的内容。课程可分为仿真模拟实践和社会实战实践两类。仿真模拟实践是指在校内模拟仿真的市场环境，在教师指导下，学生有意识地为锻炼某一项创业技能而进行模拟活动的过程。仿真模拟实践按照其锻炼的技能目标可以分为单项模拟与综合模拟两类。单项模拟是指为锻炼某一特定的创业技能而进行的活动模拟。组织模拟实践活动可以是在课堂上，如在课堂上组织商务谈判活动；也可以是在课堂外，如现在各高校均存在的跳蚤市场活动，高校可以认真规划，通过一场或几场跳蚤市场活动来锻炼学生的开店、营销、物流、广告等创业技能，也可以通过创业大赛等竞赛环节来锻炼学生的商业计划书的制定能力。单项模拟的内容较为单纯，活动空间有限。综合模拟实践则是多种单项模拟的综合，可以依托大学生创业孵化基地来进行综合模拟实践活动。学生在创业孵化基地可以体验创业的全过程，需要独自面对创业的压力，独立解决创业过程中出现的困难。在创业孵化基地的实践中，学生可以将在课堂上学到的相关创业课程内容付诸实施以体验和校正自己的理解，把创业知识真正地升级成为属于自己的创业能力。社会实战实践是指学生走出校门，进入社会，就某一个创业项目进行实战。社会实战实践是全体验、全方位、全仿真的创业实践，是创业教育的最终目标和最后的结果。各高校可以依托与社会、企业合办的大学生就业创业见习基地来进行，学生可以在基地中完全按照市场社会运行的规律来组织自己的创业活动；社会实战实践也可以由学生自己策划进行，社会实战实践主要在寒暑假期间进行，包括单项实践、综合实践，通过实践培养学生的综合素质、创新精神和企业家品质。学科课程和创业实践课程构成了一个完整的创业教育课程体系，构建这个体系应把握三个原则：一是目的性原则，创业教育课程的设置目的非常明确，即塑造具有创业知识、创业能力和创新精神的高素质人才。二是实践性原则，创业教育必须实践，创业教育的特殊性决定了在创业教育课程组织的过程中，实践是最重要的、贯穿始终的原则。实践导向应该是整个课程设计的基本思路，在实践环节设计中应充分考虑经济社会的发展规律和生产生活实际，使同学们通过实践环节的训练能够真正地体验社会。与理论课程相比，实践课程具有趣味性、互动性的特点，避免了学生在上理论课程时过分的枯燥、封闭的弊端，能更好地体现创业教育的效果。三是多样性原则，在理论课程设置中，除设立必修、选修课外，可以允许多个不同专业相互渗透融合，也可以采用专题讲座形式，还可以举办校外实践基地观摩等活动，使整个创业教育课程体系更加丰富多彩。

三、绩效评价

绩效评价是对高校创业教育目标完成的程度和水平做出的价值判断的过程，可以对整个课程体系设计水平的优劣进行科学的判断。绩效评价是教育活动实施效果的调整与反馈，是整个教育活动全过程中的一个不可或缺的环节。在进行绩效评价时应把握目标性、规律性和可操作性三个原则。目标性原则是指围绕创业教育的目标来进行绩效评价，首先判断创业教育的课程设计能否准确指向创业教育的目标；规律性原则是指评价的设计和操作应符合教育的基本规律；可操作性原则是指针对整个创业教育课程，建立起科学、简明、可操作的量化评价指标体系，使得高校创业教育的绩效评价可观察化、可测量化。

综上所述，高校创业教育课程体系应由三个模块构成：第一个模块为创业教育的目标，包括认知目标、情感目标和操作技巧目标；第二个模块为创业教育的课程设计，包括理论课程讲授和实践课程锻炼两个部分；第三个模块为绩效评价，应遵循目标性、规律性和可操作性的原则。在创业教育体系模型中的这三个模块既相对独立又相互呼应，构成了体现现代高校创业教育思想精髓的一个统一整体。

四、构建以实践创业为导向的创业教育课程体系

（一）选择以实践创业为导向的创业教育系统

在我国，通常创业教育模式划分的依据，是以教育的层次为主，也就是职业教育、本科以及研究生三个教育阶段，创业教育模式各不相同。在本科教学中，

课程教育的模式是平常采用的，在课程教育的基础上，进行比赛，开展丰富的活动，从而提高大学生的创新创业能力。而通常与课程教育结合的赛事、活动是职业教育，研究生创业教育模式的培养，通常都是以创业孵化基地为主。

除以上模式之外，在选择创业模式的时候，各种各样的模式分类也同时存在。从形式上分为指导活动赛事、指导创办经营企业、开设创新创业课程三大类。大学当中的创业教育模式常常以这三种形式相结合。而大学选择这些模式时，必须对学校具体的教育环境、总体师资力量和基础设施进行考量，选择恰当的、以实践创业为导向的创业教育模式。

（二）大学生创业教育的组织管理

1. 将创业教育融入人才培养计划

高校中很多学生开始尝试着创业，并且取得了一定的成就，但绝大多数还是缺乏经验且极为脆弱的。纵观全局，自发进行的创业不但严重缺乏规范性，而且发展空间很小，涉及面狭窄。对于此，各大高校应该以实践为导向，有效、科学地进行组织和实施创新创业教育。在大学生成长的发展中，各高校应该完全认识到创新创业教育的重要性，其不仅能够提升总体就业率，而且是塑造应用型人才的主要途径。高校应当面向全体大学生，把人才培养计划与创新创业教育相结合。

2. 对高校内创新创业教育的管理部门进行协调

最近几年来，无论是政府还是高校，均对大学生创业教育体系的构建给予了高度关注，而且主动提供给创业教育优良的外内部环境。但是，还有部分亟待解决的问题存在于高校内部。主要因为在校内，有很多与创业教育相关的部门，牵涉到多方面的文件，而校内各部门之间在这方面没有很好地主动地协调，导致在创业教育中出现了多头管理现象，很难形成强大的合力，组织管理零散纷乱，未形成规范化、统一化的管理。所以，构建以实践创业为主导的创业体系，必须大力完善组织管理结构。例如，可将教务作为主导，展开系统化的创新创业教育活动。或者把团委、学工处作为主导；而主导部门确立之后，其他的有关部门，应该给予主导部门以大力的支持，且及时有效地进行交流，从而促使创新创业教育能够顺利高效地开展工作。

（三）构建创业教育课程体系、以实践为导向

为了大学生创业教育能够很好地落实，最终还是要在创业的课程体系中，让大学生经过合理科学的课程教育，对创新创业基本理论知识系统掌握。

1. 通识课程的设置

通识就是所谓的基础知识，应该面向全体大学生。让大学生在创业课堂中掌握创业所具备的能力和基本知识，对创业的主要途径、方法进行了解。通识课程的开设，可以对大学生创业意识进行有效培养；且对有创新创业意向的人可以构建系统化的知识结构，打下扎实的理论基础。因此高校在构建以实践为导向，大学生创业教育体系时，设置通识课程是必不可少的，也是至关重要的。

2. 在各专业中融入创业教育

通常情况下，高校中所设置的各项专业，其基本目标并不在于塑造创业型人才，但是要成功构建大学生创业教育体系，以实践为导向，把专业与创业教育相结合，会获得意想不到的效果。而相对于专业课程来说，必须按照专业的基本特征；对创业教学内容深入研究，以讲座的形式帮助大学生对专业范围内的创业内容进行深一步的理解，并且在专业领域内开展创业教育实践。

3. 创业课程给指定对象开设

高校里有部分学生的自主学习能力及接受能力较强，具有一定的创新创业意识，并且付诸实践，着手创办几家小型公司或是经营小门店。高校应该积极引导且大力支持这些学生，对他们的成果给予肯定、承认的同时，要帮助他们从中认识到自身存在的局限和不足，从而让他们对创业知识丰富全面地掌握。因此，各高校应对这类学生展开相应的培训指导，培养他们的经营管理理念，让他们了解财务、税务、合同、交易等多个方面的知识，从而在创新创业的具体实践中获得更大的成功。

（四）构建大学生创业多层次实践训练体系

在我国高校中，大学生创业实践教育体系最主要的形式，还是对大学生创业活动指导的开展，教育主体为全体大学生，进行创业活动指导。但是在高校中，这还是很难做到、可操作性很差，不符合高校的整体教育目标。所以，大学生创新创业教育必须构建第二课堂。大学生的第一课堂，通常都是学生按照课程体系进行专业知识学习；而第二课堂，设在课程体系外，以构建创新创业为核心的课堂。将一些大学生融入创新创业体系中培养；促进他们创新意识、创新创业的能力、创新精神的提升，从而使创业实践的目的得以实现。

（五）构建创业教育多层次实践基地

在大学生创业教育体系实践中，最重要的是制造一个优良的创业实践氛围。第一，各高校必须结合工程中心、实验中心、相关的研究实践基地，共同给大学生创业实践建设营造一个优质的环境；在创业过程中，提供场所、设备给研究设计。第二，大力构建大学生创新竞赛活动开展的实践基地、积极主动地构建大学生创业孵化基地。比如，大力引导大学生创建创业实践工作室（艺术工作室、科技创新实践中心等），且为学生提供从校外引入进来的社会丰富资源，从而更好地构建教育实践基地；校内外和谐环境的创建；而大学生的孵化基地，也要从资金、政策等方面得到支持。

从上述来看，大学生的创业教育在众多高校中开展得如火如荼，但是仍然存在着许多亟待解决的问题，如创业教育理念滞后、创业教育课程体系欠完善、缺乏充足的师资力量以及薄弱的创业教育实践等。以实践创业为导向构建大学生创业教育课程体系，应当选择以实践创业为导向的创业教育模式，对高校内创业教育管理部门进行协调，构建以实践创业为导向的创业教育课程体系，以及多层次大学生创业实践训练体系，成立多层次的创业教育实践基地，以实现大学生创业教育工作的顺利展开。

第二节 搭建"政企校"三位一体的创业教育支持系统

高校在创业教育的实施过程中扮演着十分重要的角色，是国家创业教育的主要承担者和实施者。但是，随着大学逐渐从社会边缘走向社会中心，教育将不再仅仅是学校的事。"三元参与理论"认为，自从20世纪中期以来，各国大学、企业和政府三方面都不约而同遇到了一些新的问题，而实践表明，这些问题难以由单方面独立解决，需要三方共同参与解决。对创业型人才的需求是当今经济发展的需要，高校作为一个以人才培养为使命的社会组织，义不容辞地肩负着开展创业教育的重任。

一、政府的角色

为了使大学生能够顺利自主创业，参与主体之一的政府应加强对大学生创业的扶持力度，建立有利于促进大学生创业的制度，制定推行有助于创业的扶持政策和措施，争取为大学生提供创业所需资金和必要的优惠政策。

第一，明确政府在高校毕业生创业工作中的责任。政府应出台更多大学生创业的扶持政策。政府要善于运用各种经济、行政和法律手段为大学生创业创造环境，提供更有力的政策支持，推出针对大学生创业的各种优惠政策，给予毕业生更多的创业指导与帮助。

第二，政府应当加大政策实施的监督力度。如果政策规定太原则化、不具体、不务实、不易操作，或者缺乏良好的监督实施体系，即使是一个很好的政策，在执行过程中也大多落实不到位，或导致管理上的混乱，如管理指导和立法支持。

1. 管理指导

管理指导主要是通过政府拨款建立一个专门的创业教育管理机构。这个管理机构主要负责对全国创业教育的指导工作。它通过建立一个信息平台，加强各院、校对于创业教育开展情况的交流，对一些值得借鉴的做法进行全国范围的推广宣传，对一些存在瑕疵的做法及时给予建议和指导，避免一些高校在创业教育开展过程中走弯路。

2. 立法支持

国外高校创业教育经验表明，哪个地区的创业环境更优越，创业教育法制越完善，哪个地区的创业和创业教育就越发达。在我国，由于创业教育还处在初级阶段，创业教育法制建设则更是不健全。目前，我国尚没有一部正规的有关创业教育的法律、法规。虽然我国于2008年1月1日起正式实施《中华人民共和国就业促进法》，但这是一部为了促进就业、促进经济发展与扩大就业相协调、促进社会和谐稳定而制定的法律。我们发现其中并没有对发展创业教育、促进创业做出相关的法律规定，但我们仔细一想就会发现，没有创业，何来企业；没有企业，何来就业？可见不能空谈创业，不解决创业问题，就不可产生就业供给。所以，在《中华人民共和国就业促进法》中增加有关创业教育的内容，把创业教育用法律的形式固定下来，很重要，也很必要。

3. 支持系统

大学生创业涉及政府、社会、市场方方面面的关系。政府应拨专款设立专门的创业教育研究的机构，形成符合中国国情并具有中国特色的创业教育课程理论体系，并扶持校园创设创业基地，给予优惠政策，鼓励企业为大学生提供实习的平台。纵观国外创业教育的发展，我们不难发现，充足的资金来源是各国开展创业教育强有力的后盾。我们的创业教育要与国际接轨，就不仅是开设课程和加强创业实践教学活动,还需要创业教育成本的投入。对此,我国政府也要加大对创业教育资金的注入,建立各种创业基金。如为促进科技成果的转化,可由政府牵头出资,同时吸引企业投资和社会捐款建立创新基金,鼓励学生创业。

此外,政府还可以通过进一步加强对大学生创业小额贷款基金的支持力度,不断扩大创业小额贷款资金的覆盖面和辐射范围,以有效支持大学生创业。并以优惠政策鼓励和引导社会力量开展创业教育,并鼓励其与高校联合开展创业教育。

二、企业的角色

参与主体——企业可以提供的支持和服务主要是为大学生开展创业实践活动提供实践岗位、场所、实践指导教师等方面的支持,与高校建立长期稳定的合作关系,给高校派送具有丰富创业经验的兼职教师,为高校创业教育开展创造良好的外部条件,推动高校创业教育又好又快发展。

但是,除了政府、高校和企业这三个影响创业教育发展的主体外,创业教育所成长的社会也对创业教育的健康发展起到很重要的作用。

1. 社会应借助大众传媒的渠道开展创业宣传

鼓励电视等媒体开展诸如《赢在中国》一类的创业竞赛节目,培养全社会、全民族的创业精神,形成创业为荣的风气。在高校层面,应将培养创业精神、提高创业技能作为大学的重要使命和目标。大学不但应该向商学类的学生普及创业教育,而且应该通过创业教育培养其他各类专业大学生的创新与创业精神,提高他们的创业技能,并将此作为大学一项新的重要使命。高校对于促进全社会形成创业文化、培育创新精神具有不可替代的重要作用。创业教育的本质是培养人开创事业的意识、品质、能力,激发生存与发展的动力,由对命运的依赖变为对命运的自主把握。创业教育培养冒险精神、创业勇气、合作意识、诚信原则、共赢理念等,对每一个人都有重要意义。创业教育将创业视为一个复杂的系统和过程,应更加注重对创业者基础知识和综合素质的全面培养。为此,高校要多做一些基础性的工作,开展创业精神教育,这对学生和创业投资事业,无疑都具有深远的意义。

2. 充分发挥社会力量对大学生创业的支持

1983年,英国王子基金就在英国开展了青年创业计划。1999年,英国王子基金与英国威尔士王子国际商业领袖论坛发起了青年创业国际计划,通过动员、联合企业界和社会力量为青年创业提供咨询指导和资金、技术、网络支持。自2001年开始，全国青联开始与青年创业国际计划进行交流与合作，逐渐把这一项目模式引进中国，即中国青年创业国际计划，并在青年和大学生创业群体中发挥作用。因此，如何在政府的推动下，结合中国国情和文化特点，探索以非政府、非营利形式优化大学生创业环境，帮助大学生走上创业成功之路，是一个值得关注的课题。

3. 营造良好的社会创业文化氛围

实践证明，一个有利于创业的文化氛围对创业人才的成长影响极大，倘若在一种文化氛围中。自主创业的精神和行为能受到社会的鼓励和舆论的支持，创业人才就会层出不穷，创业的成功率就高。我国社会应考虑创业教育作为高等教育改革的价值取向，在提高学生综合素质和专业技能时加强创业意识的培养。创业意识的形成需要长期的培养、熏陶和积淀。高校培养学生的创业意识必须遵循教育规律，社会也要与高校的创业环境有机地结合起来，要有机地将社会创业教育环境融入高校的育人机制中，在社会上构建和营造浓郁的创业文化氛围。要将创业精神提升到为社会创造财富，为社会做贡献和自我价值实现的高度；要搭建一个利于创业意识培养和表达、创业能力增强和展示的综合平台；要建立健全合理有效的创业教育评价体系和激励机制，激发教师和学生参与创业教育的激情。

三、高校的角色

参与主体——高校可以配合政府的相关政策，在上述所提到的政策建议的基础上，集合自身的实际情况，进一步提供如下支持和服务。

1. 开展创业研究

创业教育水平的提高，要求高校必须大力加强创业和创业教育研究。因为像任何一门学科一样，研究是教学的基础，研究可以促进教学，教学又可以反过来促进研究。创业研究工作主要靠学校的创业研究中心和创业教育教学与研究工作者，通过探索创业活动规律，获得有价值的理论成果，并将这些理论研究成果在专业的创业期刊和杂志上发表出来，进行学术观点的交流，能很好地为创业教育的教学工作提供理论支持和指导。

2. 学生社团建设

学生社团具有自我服务、自我教育、自我管理、自我发展和重要的社会教化功能，其作用和影响力日益扩大，成为高校教育工作中重要的一部分。大学生社团所具有的目标驱动性、组织动态性、成员广泛性等的特点有利于大学生创业素质的培养。因此，高校可以在学生会内部成立创业中心，各院（系）学生会可以成立创业社等学生社团，为创业教育助一臂之力。对这些创业学生社团，学校要进一步规范管理，坚持做到突出重点，分类指导，大力鼓励和扶持学术科技型社团的发展。这类社团倡导的学术争鸣和团结创新能够激发学生创新的热情和创业兴趣。学生创业社团通过开展一些活动，如定期邀请创业教育专家、创业成功人士与学生进行面对面的交流，进一步点燃学生的创业激情。社团还可以通过向学生宣传创业政策和创业信息；开展创业指导和讲座，介绍成功创业者的创业经历和创业经验；建立创业网站，实现大学生创业群体的沟通和交流来培养学生的创业意识。

3. 孵化基地建设

高校应积极配合国家和地方政府积极建设大学生创业培训和孵化基地，为大学生创业搭建孵化平台。已有科技创业园区的高校，要充分利用现有条件，发挥已有资源的作用，努力使其成为大学生创业孵化基地。没有建立相关设施的高校，要加快孵化基地建设，尽快为大学生自主创业搭建孵化平台。各高校还要积极争取所在地区的中小企业服务中心和各行业协会的支持，为高校毕业生自主创业创造条件。此外，高校还要选拔具有较强创业愿望和浓厚创业兴趣的大学生进入校级创业培训和孵化基地。为他们提供创业政策解读、创业技能培训、创业项目研究、模拟和真实的创业实践等服务，使大学生尽快掌握创业技能，做好创业准备，成为创业带头人。

第三节　构建思政教育、专业教育与创业教育融合的创业教育模式

在国家政策对大学生创业的推动下，涌现出了一大批创业者，这顺势解决了部分就业问题。我国高校教育都开设了思想政治教育课，同时，高校在对学生进行创业教育的时候也融入了思想政治的教育与专业教育。三者的互相结合，起到了以下作用：①引导学生对创业有正确的理解和认识，树立正确的创业观；②思想政治教育可以帮助学生形成良好的创业心态，在创业过程中做到不骄不躁，发

应用型高校创业教育体系构建研究

扬刻苦拼搏的精神;③可以让学生在社会主义核心价值理念下开启创业之路,并用马克思主义思想武装自己的头脑,解决创业过程中遇到的问题。总的来说,高校思想政治教育、专业教育与创业教育的融合,具有很重要的现实意义。

一、思想政治教育与创业教育的内在契合性

(一) 目标的一致性

在知识经济条件下,高校思想政治教育的主要目标是培养大学生树立科学的世界观、人生观和价值观,促进学生全面发展,成为中国特色社会主义伟大事业的接班人。创业教育的主要目标是培养大学生的创新与创业意识、创新思维、创新能力和创业能力,为创新型国家建设培养更多的创新创业型人才。因此,两者殊途同归,在育人理念上是完全一致的——培养全面发展的人,培养中国特色社会主义事业的现代化创新型人才,重点强调学生创新品质与能力的培养。

(二) 内容的互融性

创业教育从本质上来说是一种高层次的素质教育、全面发展的教育和健全人格的教育,是人生理想信念教育的一种具体形式,因此,它内含思想政治教育诸多方面的思想和内容。一方面,高校创业教育在外延上拓宽了思想政治教育的基本内容,它通过对大学生进行理想信念、就业理念、创新思维以及创业品质等方面教育,把社会主义核心价值体系理论有机融入创新意识、创业精神、创业意识和创业能力的教育中,极大地提高了理想信念教育的实效性、针对性与灵活性。另一方面,创业教育在内涵上以内隐的方式把企业重视强调的协作意识和团队精神与思想政治教育强调的集体主义精神有机地融合统一,有助于培养学生的独立性、合作精神和竞争精神等优良的人格品质,造就和培养学生充满正能量的积极向上的精神状态。

(三) 作用的互促性

1. 创新创业教育可以提高思政课教学的针对性和实效性

就其本质上来说,思想政治教育质是一种价值观培养的教育,这就要求在实践性教学过程中,必须结合时代特色,与时俱进,以生动形象的形式把马列主义的价值与方法论展现在学生面前,并且充分发挥学生的主观能动性,创造条件为其提供亲身体验和实践的机会,让其在这一体验过程中思索、感悟、总结并进行自我教育,培养其主体意识,塑造其主体人格,最终形成科学的正确的世界观和方法论,形成发散型的逻辑思维能力和创新型的人格品质,形成坚定的信仰信念

和高尚的思想道德素养。在思政课教学中，穿插创新创业教育的内容，既丰富了思政课教学内容，改变了思政课教学过程中的枯燥乏味现象，又使两者的教学目标有机融为一体；既培养了学生高尚的道德观，树立了科学的人生观、价值观，也培养了学生积极上进的进取心、敢于开拓创新的魄力、勇于承担风险的心理品质和百折不挠的创新创业精神，从而使树立世界观、人生观、价值观和道德观不再是空洞乏味的说教，使思想政治理论课教学内容更接地气，更加贴近学生学习生活与就业创业的实际，更加具有针对性、时代性、适应性和实效性。

2. 思想政治教育可以洗刷创新创业教育的"功利性"色彩

当前，高校创业教育更多是定位为"一般性的社会实践活动"或者是"实质性的企业经营管理活动"，其目标是为社会培养更多的职业经理人或是企业管理的"白领"阶层，而不是真正意义的"创新者""创业者"，其教学过程过多地偏重于创业技能技巧以及"创业学"知识的传播与传递。这种简单而片面的教育行为把创新与创业理念平庸化为单纯的技能技巧与操作实务层面，忽视了创新意识和创业能力的更深层的内涵。不可否认，大学生创新创业能力的提升是与创业能力培养活动分不开的，但是，在当前各高校所开展的专项性创业能力培养活动（如创业竞赛、技能训练、模拟经营等）的开发、设计和实施时，往往没有站在大教育观的视野，没能立足于学校以及学科教育的具体情况，单纯地就创业论创业，不可避免地导致丰富多彩的创业能力培养活动与专业知识、基础知识学习和基本素质能力的拓展相脱节。事实上每一个人创业成功的过程都是要经历过一个从知道到悟道再到行道的过程，因此，在创业教育过程中，让学生简单地学会并掌握创业的基本知识是相对比较容易的，但是，要让学生真正把握创业的科学规律并领悟创业成功的"秘诀"与真谛，进而上升为创业的体验和实际行动就非常难了。思政课有其独特的学科优势，充分利用其唯物辩证的方法论，引导学生树立坚定的创业理想和信念，形成坚强的意志品质和创业心理品质，塑造良好的道德品质，塑造大学生的创业型人格，从而很好地洗刷传统创业教育中的功利色彩。

二、专业教育与创业教育的融合机理

（一）专业教育的内涵

在知识生产视阈下，专业教育内涵的不断丰富和创业教育的兴起可以理解为是知识"市场化""资本化"趋势在人才培养层面的需求，是知识生产模式转型对高校人才培养环节的必然影响。

对专业教育内涵的解读离不开自由教育与职业教育。专业教育与自由教育对立，本质上属于一种职业教育。与自由教育强调教育目的的内在性不同，专业教育关注外部需求，需求决定论是专业教育形成和发展的逻辑。到了 20 世纪，随着高等教育大众化，需求决定论逐渐占据上风，自由教育以更适应大众化需要的通识教育形式出现，成为专业教育的一部分。我国的专业教育发展同样由国家经济社会发展需求决定。新中国成立以前，高校按照欧美模式以系为基本的教学组织单位。新中国成立后，为适应计划经济的需要，高校效仿苏联形成了以专业为基本教学组织单位的高等教育模式，并于 1952 年开始使用专业教育一词。20 世纪 80 年代，随着市场经济的到来，"专业对口"的人才培养模式难以适应瞬息万变的社会需求，专业教育培养模式受到质疑。为适应新需求以及高等教育的大众化，专业教育的意涵也不断丰富，学术属性、职业属性和通识属性逐步融入专业教育。因此，"专业教育"实际上已经成为高校人才培养的一种组织形式，是学科与行业之间的纽带。

进入 21 世纪，随着第三次经济社会转型发展和高等教育的持续大众化，专业教育模式框架内的改革已经无法满足社会期望，创业教育开始兴起并快速发展。我国创业教育 20 世纪末萌芽于清华大学、复旦大学等少数重点院校在专业教育基础之上的自主探索与实践；2002 年，教育部启动创业教育试点工作；2012 年，在《教育部关于全面提高高等教育质量的若干意见》中对专业教育与创业教育的融合提出了具体要求。广义的创业教育就是培养具有开创精神的人，强调创业价值观的养成，是一种更高层次的素质教育；创业教育是在专业教育和创新教育基础上提出的更高层次要求。创业教育作为一种教育理念，其核心是培养大学生创新创业的基本素养，其构成要素主要包括创新精神、创业知识和创业能力。创业教育属于一种跨学科教育，其理念与实践是对近代以来长期遵循的基于学科/专业划分教育模式的一种修正与革新，它回应了当前人类社会错综复杂的发展图景，体现了后工业时代科技知识生产模式转型对人才培养提出的必然要求。创业教育是高等教育发展的时代性特征，是国际发展潮流和趋势，是进一步促进知识市场化的重要环节，是高等教育改革的突破口和重中之重，是国家实施创新驱动发展战略、实现中华民族伟大复兴的中国梦的必然要求。

（二）专业教育与创业教育的基本定位及关系

高校的专业教育与创业教育是人才培养供给侧和社会产业需求端的共同要

求。在知识生产视阈下，专业教育与创业教育共同构成了高校的知识传播体系，创业教育融入专业教育是知识生产模式转型趋势下高校人才培养的自发要求。与专业教育和自由教育的对立关系不同，专业教育与创业教育都强调目标的外部性，即满足高等教育的外部适切性，需求决定论是两者的共同立论。专业教育与创业教育在高校人才培养体系中的基本定位以及两者的关系是高校专业教育与创业教育融合的现实基础。

1. 专业教育与创业教育的主辅定位

专业教育与创业教育之于人才培养是并列共存的两种不同的教育理念，之于高等教育实际则具有明显的主辅定位。1984年版的《高等教育学》明确了"高等教育是建立在普通教育基础之上的专业教育，以培养专门人才为目标"。2009年版《新编高等教育学》提出"高等教育是建立在普通教育（或基础教育）基础上的专业性教育"。我国高等教育从"专业教育说"到"专业性教育说"是高等教育理念和专业教育内涵不断演进和丰富的过程，专业教育模式作为我国高校人才培养的基本载体，仍然是连接社会需求和学校教学之间的基本纽带。学科作为知识体系的科目和分支、教学科目设置的基础仍然是高校运行的基础。因此，高等教育尤其在本科阶段本质上仍然属于"专业教育"，专业教育的主导地位不会因为创业教育的兴起而发生动摇。创业教育的兴起是必然的，但是灵活松散的组织形式以及创业知识的非系统性决定了创业教育无法在高校人才培养中占据支配地位，只能作为专业教育的辅助和补充。

2. 专业教育与创业教育趋同的目标取向与不同的实现形式

专业教育的需求决定论使专业教育的目标具有时代特征：改革开放初期，高校专业教育定位为"为社会主义现代化建设培养高级专门人才"，强调知识和技能的教学和培育。当前，我国实施创新驱动发展战略，专业教育培养目标为"培养具有基础知识扎实、创新实践能力强的复合型人才"。广义的创业教育目标是以受教育者的素质和能力为导向，培养创新创业意识和自谋职业独立创业的能力。从知识传播视角出发，专业教育与创业教育都是为了实现知识的传递，两者共同构成了涵盖所有知识类型的知识传播体系；从人才的培养和需求视角出发，专业教育与创业教育都服务于高校人才培养的总体目标，都是为了提升高校人才培养质量、提高学生综合素质，以满足社会日益增长的人才需求。

实现形式的差异性根源于知识生产模式转型背景下大量默会知识需要学生以新的方式获取。专业教育依托于高校的学科优势，具有成熟的学科及专业理论基础以及由公共基础课、专业基础课和专业课构成的完善的课程体系。创业教育是专业教育基础上萌生的一种新的教育理念以及该理念指导下的教育内容或方式。营造新的教学情境，用新的教学方法，传播新类型的知识是创业教育区别于专业教育成为新教育理念的根本。创业教育淡化专业，营造跨专业、跨学科教育情境，运用启发式、探究式、研究式教学方法使学生参与知识生产过程从而习得知识。这种实现形式与分门别类的专业培养有着本质的区别。

3. 专业教育与创业教育的共生互补性

与知识生产"新""旧"模式的关系相似，专业教育与创业教育同样存在共生互补、相互依存的关系。专业教育与创业教育没有优劣之分，都是高校人才培养和知识传播的必需。创业教育是专业教育发展的新趋势及其各属性的延伸：是具有特定指向的通识教育、具有跨学科要求的学术教育和侧重培养自谋职业精神和能力的职业教育。专业教育侧重学科和专业理论的传承，创业教育偏向将理论应用到实践的创新创业能力和精神的培养。专业教育注重编码知识的传授，理论性系统性较强，回应社会需求的速度较慢，从属于某一学科或以某一学科为主；而创业教育强调默会知识的传播，实践要求较高，能及时回应社会需求，具有跨学科要求。因此，专业教育是创业教育的基础和载体，创业教育是专业教育的必要补充。专业教育和创新创业教育融合可以形成以专业知识进行创新创业的局面，使专业知识更加直接高效地融入社会生产实践，转化为经济社会发展动力。

三、思想政治教育、专业教育与创业教育融合的问题

1. 教师方面

教师在对待学生思想政治教育、专业教育与创业教育的融合上不够重视，或者在教学过程中实施"放养"做法，或者就是"填鸭"式的做法，或者仍然拿以前的例子和理念作为思想政治教育、专业教育与创业教育融合的教学对象，象征性地完成任务，容易造成三种教育形成脱轨。

2. 学生方面

一方面，学生对创业存在错误的认知，认为创业和普通的就业没有太大的差别，或者觉得创业前期的过程太难熬，因此认为自己很难坚持下来；另一方面，学生在学习过程中存在着被动的心理，即便是有教师对相关理论的教授，也还是很难在实际中将知识运用到思想政治教育、专业教育与创业教育融合中去。

3. 社会方面

自主创业，在发展下同样受到来自各方的怀疑和阻碍：①家长们长期受传统思想的影响，认为创业不牢靠，不如找一份稳定的工作实在；②企业认为刚毕业的学生在年龄和社会阅历上十分缺欠，创业这条路对于初出茅庐的学生而言很难坚持走下去；③亲朋好友的质疑声也常常令大学生在创业面前犹豫不决甚至最终放弃。长此以往，会间接地导致思想政治教育、专业教育与创业教育融合受阻。

四、思想政治教育、专业教育与创业教育融合的建议

1. 学校方面

为了更好地促进思想政治教育、专业教育与创业教育的融合，教师可以做到以下几点：

（1）转变教师传统的教育理念，重视对学生进行思想政治教育、专业教育与创业教育的融合教育。对学生进行思想政治教育，可以让学生在正确的道德标准下做事；对学生进行专业与创业教育，可以让学生学会靠自己的能力生存。将思想政治教育、专业教育与创业教育相互融合起来，对培养我国独立自主、有道德素养的人才有很大的促进作用。

（2）创新教学方法。改变以往陈旧的教学方法，引入先进的教学理念和手段，并结合到高校学生的个性特征。在思想政治教育、专业教育与创业教育的融合过程中，运用让学生更易接受的教学方式，并将社会上吸入眼球的话题作为教学案例，提高学生的学习积极性、主动性，促进对学生进行思想政治教育、专业教育与创业教育融合的进程。

（3）建立思想政治教育、专业教育与创业教育融合的课程体系。在思想政治教育理论课程中，适当加入专业教育与创业教育知识，将三门理论课程灵活地结合在一起。以此类推，也可以在思想政治教育的实践活动中适当添加专业与创业实践教育，让学生在实践活动中将三者融合起来。

（4）重视理想信念的教育。理想信念教育是思想政治教育的重要部分。没有坚定的理想信念，就没有凝聚力。经过四年大学的熏陶，大学生已经具备了一定的独立思考、分析和解决在学习、生活和工作中所遇到问题的能力。提高大学生的创业就业指导，必须使大学生形成正确的世界观、人生观和价值观。

2. 学生方面

改变固有的错误理念，在学校时我们就要好好学习思想政治教育，从而提高

应用型高校创业教育体系构建研究

自己的文化素质和道德修养。在创业教育中，学生可以运用马克思主义的思维方式，正确认识和对待大学生创业；树立正确的创业观和方向，保持正确的态度，并在创业过程中发挥艰苦奋斗的精神，不气馁更不轻易言败；在专业学习上，端正学习态度，认真听教师的讲解，并在学习过后主动将思想政治理论、专业知识与创业教育相互联系在一起，要将所学的知识应用到自己本身的创业中。只有这样，才会真正做到思想政治教育、专业教育与创业教育的融合。

3. 社会方面

家长们改变以往的思想，重新对创业进行认识，不去扼杀学生的创业想法，并支持和重视他们；企业单位也应多鼓励大学生自主创业，并为大学生创业提供多方位的交流平台；另外，政府还可以加大对大学生创业技术和资金的支持，解决大学生创业的顾虑。

五、思想政治教育、专业教育与创业教育融合的路径

受到高等教育资源和时间的限制，思想政治教育、专业教育与创业教育融合的路径设计不是在思想政治教育、专业教育基础上做创业教育的简单加法，而应该是在统一的人才培养目标指导下的基于共同体认知和思维的整体设计。三者融合不是各学科/专业教学科研范式、师资、课程等要素的机械叠加，而是基于人才培养和知识传播整体目标、有机整合各要素后的共同体。换言之，思想政治教育、专业教育与创业教育的融合不是一个混合物，而是一个全新的化合物。

基于思想政治教育、专业教育与创业教育的内涵、异同、定位以及相互关系，要实现共赢的融合效果应遵循以下原则。

（1）要面向全体学生。以创业教育为抓手，通过学生进入社会后的创新、创业行为实现知识的社会弥散，是知识市场化和资本化的重要途径。因此，无论从人才培养还是知识生产和传播角度看，创业教育都必须面向所有学科专业的全体学生。

（2）要结合思想政治教育与专业教育的现有路径。要正视思想政治教育与专业教育作为高等教育现行组织形式的主导地位，创业教育作为一种补充理念要充分依托思想政治教育与专业教育的成熟路径，切实将创业教育贯穿到人才培养全过程，避免出现各自为政的割裂局面，实现深度融合。

（3）要营造跨学科情境。思想政治教育、专业教育与创业教育融合的实质是学科教育情境与跨学科教育情境的交叉整合，在以学科教学情境为主基调的思

想政治教育与专业教育基本路径上，学校和学院要根据不同学科/专业的市场化程度，在各阶段科学地融入跨学科教学情境。思想政治教育、专业教育与创业教育的融合没有标准路径，高校要遵循上述原则，根据服务区域经济和社会发展的需要、教育资源供给和学科专业特点，做好理念、结构、能力、感知和机制五方面的融合，科学设计融合路径。

1. 优化培养方案，确立多样化人才培养目标

思想政治教育、专业教育与创业教育的融合必须理念先行，高校决策者和教育者要改变长期以来专业教育长于理论、重于系统的思维定式，提高对创新创业教育理念的认知度。高校要结合自身的历史、文化、特色、所在区域经济社会发展水平以及社会期望，将思想政治教育、专业教育与创业教育作为提高人才培养质量的教育共同体，统一到高校整体的教育理念和人才培养目标上，使三者融合成为学校管理者和师生的自觉追求。高校各级教育主体要摒弃思想政治教育、专业教育与创业教育此消彼长的线性人才培养思维，淡化思想政治教育、专业教育与创业教育的边界意识，实现三者在各教育阶段的全面融合。高校要做好顶层设计，确立个性化、多样化、可选择的人才培养目标体系；丰富和优化各专业人才培养方案，按照不同的人才培养目标将差异化的思想政治教育、专业教育与创业教育融合的新型人才培养模式固化于各类人才培养方案。

2. 重构创新创业课程，构建多层次课程体系

课程是思想政治教育、专业教育与创业教育实施的基础载体，也是三者融合的核心环节。思想政治教育、专业教育与创业教育的融合需要进行课程结构与内容的融合与重构，构建多层次课程体系。学校要统筹和引导创业学院、学科性学院在编码知识与默会知识的传播中发挥应有作用。创业学院侧重提供创业类通识课程和竞赛、实训等创业平台搭建；学科性学院侧重结合学科/专业实际提供个性化创业类课程。过程上要避免缺乏整体思维的松散推进，要按照思想政治教育、专业教育基本路径在通识课程、基础课程、实践课程等各环节融入创业教育理念重构课程体系。内容上要避免各自为政的机械叠加，除了创业类通识课程外的其他创业类课程应聚焦于某一问题或领域的相关多个学科理论、视角、范式及其整合为内容，强调默会知识的传播。通过过程和内容上的全面融合保证创业教育在人才培养过程中的连续性，促进思想政治教育、专业教育与创业教育的结构性融合。

3. 改革教学方法，搭建全方位实践教学平台

思想政治教育、专业教育与创业教育融合的真正难点在课堂。长期以来，课堂教学受到思想政治教育、专业教育传统灌输式教学方法的影响，已经形成的严重的依赖。高校的教学管理体系以及师生对契合创业教育理念的探究式、参与式的教学方法有着天然的排斥。没有课堂教学的支撑，创业教育就无法扎根，只能浮于表面，与思想政治教育、专业教育的融合也无从谈起。因此，高校必须改革教学方法，营造跨学科教学情境，搭建全方位实践教学平台，切实改变师生在教学上的主从关系，引导教师与学生通过对话、沟通与协作来探究钻研共同感兴趣的问题，共同推动知识的掌握、更新与发现。在师生的互相促进、同步进步和共同完善中最终实现学生能力的融合：既能运用专业知识解决专业领域的实际和理论问题，又能运用跨学科思维整合多学科知识，创造性解决实际问题。

4. 转变专业教师角色，建立多元化师资队伍

思想政治教育、专业教育与创业教育融合的新型人才培养模式要建立以高校为主体，政府、产业为辅助的多元化的培养格局，特别要转变教师角色定位，形成教师对创业教育的内源性支持动力机制。各学科领域的教师在学术资本主义的影响下，往往具备契合本专业实际的前沿创业知识和实践经验，是创业教育必不可缺的优质师资。同时，教师具有通过创业教育实现创业知识传播的内源性诉求。因此，学校要通过政策引导、资源倾斜、课程改革等多种手段为教师投身创业教育提供支持和保障，真正激发教师主动地开展专业类课程的创新，全面融合创业内容，促进教师对思想政治教育、专业教育和创业教育的感知融合。

5. 加强协同育人，健全多维联动立体教育机制

从宏观层面看，当代知识生产模式的变化、国家科学制度的转型、中国特色现代大学制度的构建和完善、高等教育综合改革，是思想政治教育、专业教育与创业教育融合命题的宏观背景。高校人才培养体系的变革、创新创业型人才的培养不能仅限于课程、课堂等技术层面，还应着眼于完善高校内部治理体系与理顺外部关系，加强协同育人，健全多维联动立体教育机制。高校内部要完善以章程为统领，以评价、激励、资源配置机制为重点的制度规范，为创新创业教育提供制度空间和原生动力，同时引导和塑造特色的创新创业校园文化。高校外部要充分发挥高校在国家创新体系中的核心地位，通过与政府、产业、公民社会之间的螺旋互动，协调和调动社会力量，为创新创业人才的培养提供动力，为创新创业活动提供动力和空间，为创业成功提供资金和政策。

6. 构建"广谱式"创业教育体系，将创业教育融入人才培养全过程

"广谱式"创业教育是当前高校创业教育的主要发展趋势，其核心的指导理念是：把全体学生作为教育对象，认为创新意识和创业精神对任何个人都是有意义的，每一个对创业感兴趣的学生都应该成为创业教育的对象；教育的根本目的是培养学生的创新理念、创业精神、创业思维与创业能力，而不是单纯地传授一些有关创业的基本知识以及操作技能技巧。思想政治理论课是面向全体学生授课的，把创业教育植入思想政治教学中，真正体现了"广谱式"创业教育理念。由此可见，"广谱式"创业教育是适应经济社会和国家发展战略需要而产生的一种教学理念与模式，是个人获得自由、全面发展的一种基本方式，其本质是面对全体在校大学生的、"融入人才培养全过程"的教育。但是，这种"广谱"，并非无视学生的个体素质与能力差异，忽视对学生进行个性化训练与培养的具象化的"广谱"；更非是对所有学生一概而论的、无所区分的、没有分层分类的、抽象化的"广谱"；而是充分尊重和挖掘每个学生个体潜能并据之实施差异化培养的、具体化的"广谱"。这种"差异化"的培养方案从"岗位技能、社会技能、道德素养、自我意识和灵活性"五个维度来设计创业能力指标量表。开展实施"广谱式"创业教育，必须全面深化高校人才培养模式与教育教学方法改革，推进创业教育与思想政治教育、专业教育的有机融合，全社会齐抓共管，实现学生与老师、课内与课外、校内与校外全过程覆盖。从高等学校这一维度来说，重点要做好以下三项工作：一是构建多层次、立体化的、涵盖"通识课程—专业课程—个人体验—创业试验"的"四位一体"的创业教育课程模块体系；二是从就业市场、创业孵化器和培训机构三方面着手搭建创业教育实践教学平台，最终建立"课内与课外相衔接，理论与实践一体化"的创业教育体系；三是建立起学校、企业、政府、社会四位一体的创业教育运行机制，推动高校创新创业教育高效高质高速发展。

7. 搭建实训平台，以"广谱式"创新教育推动思想政治理论实践教学改革

思想政治传统教学模式最大的弊端是实践环节薄弱，缺乏针对性。思想政治教育的本质是一种价值观培养教育，是一种相对抽象的、内隐的教育，需要通过潜移默化式教育才能做到"润物细无声"的效果。因此，在教学过程中，必须通过开展形式多样、内容丰富的实践教学，结合学生实际和时代特色，以生动、鲜活的形式将马列主义的价值观和方法论展示给学生，给他们通过亲自体验的方式来达到自我感悟，最终树立起坚定的理想信念，养成高尚的思想道德情操。在

高校思想政治理论课中融入专业教育、创业教育，实现三者的相互融合、渗透，更加贴近学生就业、创业实际，更富有针对性、适应性、实效性。充分发挥大学生的主观能动性和主体性，培养和塑造大学生的创业型人格、自主创业的意识和开拓创新的能力。

8. 加大培训力度，着力打造一支理论与实践一体化的教学团队

思想政治理论课教师与专业课大多是在所学领域专业，一般都没有在企业工作的经历，对创业知识、创业流程和企业经营管理等都是一知半解，更加谈不上创业体验和经历，因而很难在教学中真正开展鲜活有效的创业教育。高校必须转变观念，要重视加强对师资的实训培训，着力构建一支具有崇高的职业理想、积极的探索精神、开阔的人生视野、扎实的创业教育能力的素质水平高、实践能力强、跨学科专业、校内与校外相结合、专职与兼职动态发展的师资队伍。

大学生创业对缓解目前社会上的就业严峻压力有很大的帮助。为了更好地促进大学生就业，保证学生有正确的创业观、价值观、人生观，高校有义务将学生的思想政治教育、专业教育与创业教育相融合起来。目前，虽然我国高校在思想政治教育、专业教育与创业教育的融合上存在一些问题，但是这绝不能成为我们忽视思想政治教育、专业教育与创业教育相融合的理由。

参考文献

[1] 艾尔肯. 依法治国背景下美国法学教育对我国的启示与借鉴 [J]. 河北法学, 2016 (6).

[2] 安婧, 张萍, 武大伟等. 众创时代大学生创新创业教育与专业教育融合路径研究 [J]. 黑河学刊, 2019 (2).

[3] 包骥. 高职院校学生创新创业课程体系的探讨 [J]. 才智, 2014 (29).

[4] 保琳. 创新创业教育与专业教育相融合的途径研究 [J]. 赤峰学院学报 (自然科学版), 2017 (19).

[5] 蔡晓卫. 大学生知识产权法律教育的创新探索——以"思想道德修养与法律基础"课为载体 [J]. 思想政治教育研究, 2013 (5).

[6] 曹启娥. 高校培养大学生创新创业能力研究 [J]. 河南教育 (中旬), 2011 (8).

[7] 曹艺. 地方应用型高校创新创业教育改革与发展路径分析 [J]. 才智, 2017 (33).

[8] 曾培芳, 叶美霞, 刘红祥. 中美知识产权人才培养模式比较研究 [J]. 科技进步与对策, 2008 (12).

[9] 陈灿煌. 基于模糊综合评价法的高校创新创业教育绩效评价研究 [J]. 湖南理工学院学报 (自然科学版), 2018 (3).

[10] 陈桂香, 揭滢, 陈少平. 我国大学生创新创业教育与实践研究综述 [J]. 创新与创业教育, 2016 (4).

[11] 陈海英, 杨朝丹. 基于地方本科高校转型发展的创新创业教育生态体系构建研究 [J]. 科技资讯, 2018 (30).

［12］陈静．供给侧改革背景下应用型高校教师转型提升之路［J］．高等继续教育学报，2019（3）．

［13］陈美章．中国高校知识产权教育和人才培养的思考［J］．知识产权，2006（1）．

［14］陈娜，李墨．高职院校创新创业教育"供给侧"改革的路径浅析［J］．文教资料，2016（26）．

［15］陈倩．新时代应用型本科院校大学生创新创业能力提升策略探讨［J］．科教导刊（中旬刊），2019（3）．

［16］陈衍，李阳，柳玖玲．产教融合推动高等应用型人才培养的历史发展与改革设计［J］．中国高等教育，2018（Z3）．

［17］陈艳玲．应用型高校双创平台建设中存在的问题及路径分析［J］．人才资源开发，2018（22）．

［18］程宏波，刘子英，王勋等．以科研团队为依托提升研究生创新创业能力的研究与实践［J］．改革与开放，2019（7）．

［19］程洪莉．"互联网+"背景下高校创新创业教育的实施策略探析［J］．国家教育行政学院学报，2017（5）．

［20］崔军，戴越．高职教育创新创业课程建设的思考及实践［J］．钦方．包头职业技术学院学报，2016（4）//高校创业教育理论研究［J］．高教发展与评估，2018（1）．

［21］崔军．欧盟创业能力框架：创业教育行动新指南［J］．比较教育研究，2017（1）．

［22］崔震，蔡成尧．"互联网+"大赛背景下"以赛代练"促进创业带动就业的思考［J］．创新创业理论研究与实践，2018（17）．

［23］戴卫东，肖玉巧，马帅．大学生创业教育质量评价指标体系研究［J］．经营与管理，2013（2）．

［24］邓文婷．激发大学生创新创业背景下高校实验室功效再造［J］．高教探索，2016（1）．

［25］段海阳．地方应用型高校创新创业人才培养策略研究［J］．大众文艺，2018（22）．

［26］樊平军．创新创业导向的高校协同育人机制构建研究——以弗吉尼亚大学创新实验室孵化器为例［J］．黑龙江高教研究，2015（12）．

[27] 范玥,李书凤. 应用型高校人才培养与"工匠精神"塑造[J]. 智库时代,2019(12).

[28] 方璇璇,余国江. 面对"慕课":地方应用型高校的困境及应对策略[J]. 合肥学院学报(自然科学版),2014(2).

[29] 方忠. 论高校大学生创新生态体系的构建[J]. 江苏高教,2009(2).

[30] 房利. 地方应用型高校创业文化体系的培育路径研究——以铜陵学院为例[J]. 池州学院学报,2017(6).

[31] 冯艳,钱瑞伟. 大学生创新创业能力培养的现状研究[J]. 当代教育实践与教学研究,2019(5).

[32] 高文兵. 众创背景下的中国高校创新创业教育[J]. 中国高教研究,2016(1).

[33] 葛宝山,宁德鹏. 我国高校创业教育满意度对创业行为的影响研究——一个以创业激情为中介的大样本实证考察[J]. 华东师范大学学报(教育科学版),2017(3).

[34] 龚兵丽,赖祥亮,张君诚等. 应用型本科高校创新创业教育体系的重构与实践——以三明学院为例[J]. 鸡西大学学报,2016(3).

[35] 古梅. 基于校企协同的学生创新创业能力的培养[J]. 现代营销(下旬刊),2017(2).

[36] 顾小丽. 劳动视域下"00后"大学生工匠精神的培育[J]. 南京广播电视大学学报,2019(1).

[37] 郭永芳,黄凯,张茜茜. 第二课堂建设与学生创新创业能力培养研究与实践[J]. 教育教学论坛,2016(7).

[38] 韩志敏. 浅谈应用型高校人才培养模式研究——侧重于艺术人才的培养[J]. 文化产业,2018(15).

[39] 郝连科,刘畅. "工匠精神"融入广播电视编导专业人才培养的策略研究[J]. 通化师范学院学报,2018(12).

[40] 郝世绵,胡月英,奚雷. 创新驱动背景下应用型高校协同创新能力评价研究[J]. 许昌学院学报,2018(5).

[41] 郝永建. 浅议应用型高校大学生创新创业能力的培养——以河北科技师范学院为例[J]. 教育现代化,2017(49).

[42] 洪涛. 应用型本科院校创新创业教育评价体系的构建 [J]. 齐齐哈尔大学学报（哲学社会科学版），2015（11）.

[43] 胡荣宝，周敏. 地方应用型高校转型发展的路径选择 [J]. 赤峰学院学报（自然科学版），2017（19）.

[44] 胡瑞. 英国大学生创业教育实践路径探析 [J]. 复旦教育论坛，2012（1）.

[45] 胡神松，赵伟红. 大学生创业期知识产权风险教育理论与实践 [J]. 学校党建与思想教育，2018（2）.

[46] 胡晓兰，叶慧. 地方应用型高校个性化创新创业人才培养模式研究 [J]. 科技创业月刊，2018（5）.

[47] 黄利利，唐俊峰，张海生. 创新创业教育背景下松江大学城实验室资源共享模式探索 [J]. 实验技术与管理，2018（11）.

[48] 黄莉萍. 知识产权法学案例教学法改革研究 [J]. 教育与职业，2009（36）.

[49] 黄兆信，张中秋，赵国靖等. 英国高校创业教育的现状、特色及启示 [J]. 华东师范大学学报（教育科学版），2016（2）.

[50] 基于层次分析法的高职学生创新创业能力评价体系研究 [J]. 杨丽敏. 教育教学论坛，2017（39）.

[51] 贾双，孙瑞敬. 提升应用型高校管理类学生创新创业水平的对策研究 [J]. 山东工业技术，2019（17）.

[52] 姜海燕. 浅谈基于"理实一体"高职创业课程研究 [J]. 课程教育研究，2016（37）.

[53] 蒋帅，杨晶，杨文等. 湖南省高职教育中外合作办学现状调查与分析 [J]. 教育现代化，2019（36）.

[54] 鞠志宇，陈新华，贾晓红等. 应用型本科高校创新创业教育课程体系的构建 [J]. 创新与创业教育，2015（1）.

[55] 郎振红. 激发双创活力的创新创业实验室建设研究 [J]. 实验技术与管理，2018（11）.

[56] 郎振红. 提升高职教师创新创业活力的策略研究 [J]. 教育教学论坛，2019（11）.

[57] 李白. 应用型本科高校专业教育与创新创业教育融合推进发展 [J].

教育现代化，2019（25）.

[58] 李灿美，朱舜. 我国中外合作办学政策的变迁及其优化策略［J］. 湖南社会科学，2019（1）.

[59] 李丹. 民办高校创新创业教育体系构建研究［J］. 课程教育研究，2016（30）.

[60] 李建锋. 省属普通高校创业生态体系构建探析［J］. 电脑知识与技术，2019（5）.

[61] 李杰. 大学生创新创业教育与专业教育深度优化融合探析［J］. 中国成人教育，2019（5）.

[62] 李丽芳. 大学生创新创业教育之工匠精神的传承与培育［J］. 宏观经济管理，2017（S1）.

[63] 李萍. 福建省应用型高校学生资助项目绩效评价研究［J］. 宁德师范学院学报（哲学社会科学版），2017（3）.

[64] 李青，罗群，胡向红等. 地方应用型高校毕业生就业创业的现状与对策——以某师范学院为例［J］. 淮南师范学院学报，2017（1）.

[65] 李艳荣，陈玉葵，庞淇月. 加强高职院校自主创业课程建设［J］. 中国校外教育，2013（S1）.

[66] 李阳，梁忆非. 利用信息技术培养大学生的创新创业能力［J］. 中国市场，2018（20）.

[67] 李洋，秦瑶. 我国高校中外合作办学的问题与对策［J］. 盐城工学院学报（社会科学版），2019（2）.

[68] 梁韦娟. 应用型高校创新创业文化建设探究［J］. 高等财经教育研究，2019（1）.

[69] 林钻辉. 教大学生创新生态体系的特征与构建［J］. 育探索，2014（9）.

[70] 蔺伟. 高校创新创业实验室建设路径探讨［J］. 实验技术与管理，2017（2）.

[71] 刘波. 大学生创新创业能力培养探究［J］. 读与写（教育教学刊），2019（6）.

[72] 刘传洋，许卫兵，刘景景. 应用型高校电气专业学生创新创业能力探究——以池州学院为例［J］. 池州学院学报，2019（3）.

［73］刘峰．英国创业教育的历史经验及其启示［J］．教育评论，2014（12）．

［74］刘海明．新经济背景下创新创业能力的评价与提升——以高职院校为例［J］．生产力研究，2018（4）．

［75］刘丽，李响．高校创新创业教育与专业教育融合问题研究［J］．产业与科技论坛，2019（7）．

［76］刘丽．应用型高校创新创业文化建设探究［J］．花炮科技与市场，2019（1）．

［77］刘强．我国高校创新创业教育质量评价体系的构建与实践［J］．南昌工程学院学报，2016（2）．

［78］刘淑艳，许泽阳．加强校企合作 促进大学生创新创业能力培养——以民办应用型本科高校为例［J］．亚太教育，2015（31）．

［79］刘伟慈，梁瑞生．耦合双创教育与"工匠精神"，提升应用型高校学生的创新创业能力［J］．课程教育研究，2018（18）．

［80］刘西平，曹津燕．知识产权教育与知识产权文化［J］．知识产权，2007（1）．

［81］刘秀芬，杨建筑．应用型高校培养"工匠精神"大学生途径的探索［J］．现代农村科技，2017（11）．

［82］刘彦明．应用型高校教师职业法律素质强化路径［J］．晋中学院学报，2019（4）．

［83］刘艳霖．中外合作办学的政策研究［J］．广东化工，2018（22）．

［84］刘哲．河南省中外合作办学高校大学生领导力的培养［J］．西部素质教育，2019（2）．

［85］刘中晓，徐金寿．应用型本科高校创新创业能力全程融渗培养研究［J］．创新与创业教育，2016（3）．

［86］龙艳，孙文红．应用型本科高校创新创业教育改革的探索与实践——以山东英才学院为例［J］．黑龙江教育（高教研究与评估），2016（8）．

［87］栾春娟，黎邀．国外高校知识产权专业硕士培养经验及启示［J］．技术与创新管理，2017（5）．

［88］栾洪波．分析新常态"互联网＋"融入下的大学生创新创业［J］．赤峰学院学报（自然科学版），2016（18）．

[89] 吕路军. 互联网思维视野下的地方院校专业转型发展研究 [J]. 山西高等学校社会科学学报, 2016 (3).

[90] 吕英飒, 关舒楠. 论民办应用型高校如何加强大学生创新创业教育 [J]. 才智, 2017 (5).

[91] 吕占霞, 高珍, 贺维军. 对理科化学专业化工基础实验教学的思考与建议 [J]. 大学化学, 2013 (6).

[92] 马飞. 浅谈互联网思维与大学生创新创业 [J]. 内蒙古科技与经济, 2018 (1).

[93] 马海霞. 法学专业教育与创新创业教育融合初探 [J]. 吉林省教育学院学报, 2019 (6).

[94] 马建梅, 邱荣海. 学分制体系下培养大学生创新创业能力的策略 [J]. 黑河学院学报, 2016 (5).

[95] 马连湘. 基于政产学研融合的高校创业生态体系构建及思考 [J]. 国家教育行政学院学报, 2018 (1).

[96] 毛鸽. 互联网新常态下大学生社会主义核心价值观的培育 [J]. 山东社会科学, 2016 (S1).

[97] 梦陵, 王辛, 孔凡新等. 我国应用型高校学生的创新创业水平研究 [J]. 吴高教学刊, 2017 (5).

[98] 苗青. 英国创业教育对我国的启发 [J]. 教育评论, 2018 (3).

[99] 闵强. 地方应用型高校创新创业教育改革与发展路径探析 [J]. 河南机电高等专科学校学报, 2018 (2).

[100] 牟静. "四元"定位法在大学生科技创新教育中的运用 [J]. 实验技术与管理, 2014 (7).

[101] 牛长松. 英国大学生创业教育政策探析 [J]. 比较教育研究, 2007 (4).

[102] 彭云姝. 普通高校音乐专业教育发展初探 [J]. 戏剧之家, 2018 (33).

[103] 齐义山. 大学生创新创业"软资本"的"嵌入式"培育模式研究 [J]. 青年学报, 2016 (4).

[104] 钱建平. 知识产权人才的知识结构与培养模式研究 [J]. 中国大学教学, 2013 (11).

[105] 钱骏. 大学生创新创业教育生态体系构建 [J]. 职业教育研究, 2017（12）.

[106] 钱骏. 应用型高校创新创业教育的影响因素探究 [J]. 科技创新与生产力, 2019（3）.

[107] 乔明哲, 陈忠卫. 英国大学创业教育的特点及其启示 [J]. 外国教育研究, 2009（6）.

[108] 邱建飞, 杨斯迈, 陈凤. 工匠精神视域下大学生创新创业教育探索研究 [J]. 四川建材, 2018（12）.

[109] 尚大军. 大学生创新创业教育的课程体系构建 [J]. 教育探索, 2015（9）.

[110] 邵建平, 何晓琦. 内蒙古品牌培育模式对甘肃的启示 [J]. 科技管理研究, 2008（6）.

[111] 沈东华. 英国高校创业教育的发展进程 [J]. 教育评论, 2014（11）.

[112] 沈东华. 英国高校创业教育的特色及启示 [J]. 高等农业教育, 2014（10）.

[113] 沈培芳. 中英两国创业教育政策比较研究 [J]. 辽宁教育研究, 2008（7）.

[114] 施永川. 高校创业教育师资发展面临的困境及对策 [J]. 化工高等教育, 2016（3）.

[115] 施永川. 我国高校创业教育十年发展历程研究 [J]. 中国高教研究, 2013（4）.

[116] 史凤贤. 基于职业生涯规划提高大学生创新创业能力 [J]. 辽宁科技学院学报, 2013（4）.

[117] 宋根壮, 韩伏彬. 地方应用型高校创新创业课程体系构建新探——以衡水学院为例 [J]. 衡水学院学报, 2018（1）.

[118] 苏楠. 应用型高校学生创新创业能力培养研究 [J]. 现代交际, 2018（15）.

[119] 孙忱."新常态"背景下大学生互联网创新创业教育问题及对策研究 [J]. 中小企业管理与科技（中旬刊）, 2015（11）.

[120] 唐丽. 高职大学生创新创业课程体系建设的思考 [J]. 价值工程,

2016（34）．

[121] 唐妤．大学生创新创业能力培养途径分析[J]．课程教育研究，2015（28）．

[122] 滕飞．高职院校创新创业课程体系构建研究[J]．吉林省经济管理干部学院学报，2016（4）．

[123] 万新军，曹海清．校企合作　共赢发展——巢湖学院化学化工与生命科学学院转型发展的探索与实践[J]．巢湖学院学报，2014（6）．

[124] 万鑫，陈志华，方刚．智慧校园环境下应用型高校信息化建设探析[J]．中国管理信息化，2019（2）．

[125] 王金花．论大学教学中工匠精神的培育[J]．内蒙古财经大学学报，2018（6）．

[126] 王丽红，栗时锋．"互联网＋"背景下大学生创新创业的机遇与挑战[J]．管理观察，2019（3）．

[127] 王利，陆毅华，李养良．应用型本科院校学生创新创业能力培养途径分析——以工商管理专业为例[J]．现代商贸工业，2017（14）．

[128] 王玲玲，马贵范．服务"三农"高职学生创新创业能力的提升途径[J]．教育现代化，2019（33）．

[129] 王美．地方工科院校创新创业实践教学的评价机制与保障体系研究[J]．文教资料，2015（33）．

[130] 王琪，于小艳，赵明月等．中外合作办学毕业生就业现状分析及提升就业质量路径研究[J]．国网技术学院学报，2018（6）．

[131] 王晓惠．大数据时代地方应用型高校大学生内容创业研究[J]．安徽文学（下半月），2018（12）．

[132] 王昕兵．内蒙古品牌培育模式研究[J]．现代营销（下旬刊），2016（5）．

[133] 王新亮．高职院校创新创业课程实践与探索研究——以安徽省为例[J]．现代商贸工业，2017（29）．

[134] 王杨．高校中外合作办学学生党建工作探索研究[J]．湖北开放职业学院学报，2019（6）．

[135] 王游．我国高校创新创业教育哲学观的思考[J]．广东社会科学，2013（1）．

[136] 王占仁，刘志，刘海滨等．创新创业教育评价的现状、问题与趋势［J］．思想理论教育，2016（8）．

[137] 王珍愚，单晓光．略论中国大学知识产权教育的发展与完善［J］．法学评论，2009（4）．

[138] 魏爱玲，李若冰．构建我国高职院校创新创业课程体系［J］．现代商贸工业，2019（21）．

[139] 魏纪林，徐华，魏芳．高校知识产权教育与知识产权文化创新问题探析［J］．学校党建与思想教育，2015（12）．

[140] 温忠麟，叶宝娟．中介效应分析：方法和模型发展［J］．心理科学进展，2014（5）．

[141] 吴梦陵，王辛，孔凡新等．我国应用型高校学生的创新创业水平研究［J］．高教学刊，2017（5）．

[142] 吴鹏，徐韬滔．创新创业教育和专业教育耦合性研究［J］．传播力研究，2018（32）．

[143] 徐成文．应用型高校创业教育存在的问题及解决路径——基于美国创业教育的经验［J］．太原城市职业技术学院学报，2017（12）．

[144] 徐立．美国法学教育及其对我国的启示［J］．法学杂志，2010（12）．

[145] 徐松美，文雅，齐文娟．新常态下融入"互联网＋"的大学生创新创业［J］．中国青年社会科学，2015（5）．

[146] 徐薇．工匠精神与应用型高校人才培养［J］．盐城师范学院学报（人文社会科学版），2017（5）．

[147] 徐艳．应用型高校大学生创新创业能力试探［J］．文教资料，2018（27）．

[148] 徐奕．近十年天津中外合作办学研究述评［J］．文化创新比较研究，2019（4）．

[149] 徐英，白华．高校创新创业教育绩效评价研究［J］．创新与创业教育，2014（2）．

[150] 严毛新，徐蕾，何扬飞等．高校创业文化的内涵、价值及培育路径［J］．中国高教研究，2019（3）．

[151] 杨颖．对高职院校创新创业课程建设的几点看法［J］．林区教学，

2017（9）.

[152] 姚弋霞,张文舜,何久钿."双一流"战略视域下一流本科师资队伍建设的问题与思考[J].江西师范大学学报(哲学社会科学版),2018（2）.

[153] 尹自强.新建本科院校学生创新创业能力培养问题研究[J].亚太教育,2016（31）.

[154] 余东升,郭战伟.专业教育:概念与历史[J].高等工程教育研究,2019（3）.

[155] 余文冲.德国经验对我国应用型高校创新创业教育的启示[J].农家参谋,2019（6）.

[156] 虞亚平.地方高校大学生创新创业能力综合评价体系研究[J].教育观察,2018（21）.

[157] 袁晶.应用型高校学生精细化管理研究[J].文化创新比较研究,2019（3）.

[158] 袁真富.高校知识产权人才培养:现状、问题与趋势[J].中国发明与专利,2013（10）.

[159] 张存江,吴亚云,鲍照.电商创客空间建设的实践思考[J].江苏教育,2017（4）.

[160] 张东京,高贵珍,张兴桃等.创客教育对大学生创新创业能力培养[J].阴山学刊(自然科学版),2017（2）.

[161] 张剑,李精精,张莹.创业激情:情绪视角的创业研究综述[J].科技进步与对策,2017（2）.

[162] 张兰勇,刘胜,李冰等.利用信息技术培养大学生的创新创业能力[J].中国信息技术教育,2014（8）.

[163] 张黎.浅析高职院校创新创业课程体系的构建[J].课程教育研究,2017（31）.

[164] 张龙.大学生创新创业能力的制约因素及对策研究[J].才智,2019（16）.

[165] 张乔.创新创业教育与专业教育有效融合路径初探[J].教育现代化,2018（16）.

[166] 张庆晓,贺静霞.中外合作办学政策的历史演进与现实反思[J].黑龙江高教研究,2019（3）.

[167] 张伟志. 基于互联网+的大学生创业模式研究 [J]. 科技创业月刊, 2015 (23).

[168] 张小春. 大学生创新创业能力培养模式及机制研究 [J]. 当代教研论丛, 2017 (10).

[169] 张兴辉, 王克太, 王全胜等. 应用化学专业创新创业教育体系的构建与实践——以兰州文理学院为例 [J]. 兰州文理学院学报（自然科学版）, 2016 (1).

[170] 张亚萍, 尹新权, 罗钿. 应用型高校大学生创新创业能力培养研究 [J]. 中国建材科技, 2018 (2).

[171] 张亦弛. "双一流"建设背景下中外合作办学的发展探索 [J]. 教育现代化, 2018 (49).

[172] 张志杰, 李广平. 应用型高校教师"教学·科研·服务"三位一体协同发展机制构建 [J]. 职业技术教育, 2019 (11).

[173] 赵鹤, 明均仁. 国内图书馆创客空间研究综述 [J]. 图书馆研究, 2019 (1).

[174] 赵慧芹, 窦晨旭, 姜妍. "互联网+"时代下大学生创新创业途径研究 [J]. 现代农村科技, 2017 (11).

[175] 赵梦媛, 贾倩玉, 曹渊. 大学生创新创业课程需求差异与对策研究——以太原理工大学现代科技学院为例 [J]. 现代营销（经营版）, 2019 (1).

[176] 郑晨梓. 以质量为导向的应用型高校质量评价特征、原则与内容 [J]. 中国成人教育, 2018 (20).

[177] 郑成思. 信息、知识产权与中国知识产权战略若干问题 [J]. 环球法律评论, 2006 (3).

[178] 周容霞. 应用型高校经管类学生创新创业能力的综合评价 [J]. 福建江夏学院学报, 2018 (5).

[179] 周小虎, 姜凤, 陈莹. 企业家创业认知的积极情绪理论 [J]. 中国工业经济, 2014 (8).

[180] 周屹峰. 高校创新创业实验室协同建设研究 [J]. 实验技术与管理, 2018 (3).

[181] 朱惠娟, 陈琳琳. 应用型高校产学协同创新生态体系的构建 [J]. 教育观察, 2018 (17).

[182] 朱惠娟, 史训东. 应用型高校校企合作的发展现状与思考 [J]. 中国现代教育装备, 2019 (1).

[183] 朱雪忠, 杨静. 制度掣肘与供给不足：中国知识产权学科向何处去 [J]. 知识产权, 2018 (10).

[184] 祝佳佳. 浅析大学生工匠精神的内涵 [J]. 现代交际, 2019 (8).

[185] 庄璐. 浅析互联网对大学生创新创业的影响 [J]. 西部广播电视, 2015 (23).